決定版

デジタル人民元

世界金融の覇権を狙う中国

野村総合研究所エグゼクティブ・エコノミスト
木内登英
Takahide Kiuchi

東洋経済新報社

はじめに

２０２２年2月の北京冬季五輪で世界にお披露目することを目指し、中国は「デジタル人民元」の発行準備を着々と進めている。主要国では初めての中銀デジタル通貨、つまりデジタル形式での法定通貨の発行だ。ところが、その具体的な仕組みや発行の狙いなどについては、依然として謎の部分が多いのである。

中国がそれらを明らかにしないのは、デジタル人民元が国家戦略と深く関わっているからに他ならない。デジタル人民元の開発が、米中対立が激しさを増し、新冷戦構造ともいえる状況に陥っていることと同時に進んできたのは、決して偶然ではない。デジタル人民元はまさに米中対立の産物であり、また、米国の通貨・金融覇権に挑戦する中国の切り札でもあるのだ。

さらに、中国政府が電子商取引大手のアリババグループ、その傘下でデジタル決済アプリのアリペイを提供するアント・グループへの統制強化を急速に進め始めたことと、このデジタル人民元の発行も、また深く関わっている。それは、中国が先進国グループと袂を分かち、経済活動に対する国の関与をより強めていく、「国家資本主義」の強化へと動き出したことを意味している。

デジタル人民元は、中国が先進国に対抗する独自の政治、経済、安全保障のテリトリーを築き上げていく際の、重要な武器となりそうだ。また、それは国際デジタル決済システムの一つのスタンダードとなっていくのではないか。

さて今回、デジタル人民元について執筆するに当たり、非常に頭の痛い問題であったのは、デジタル人民元についての情報がかなり限られていることだ。中国政府は重要な国家戦略に関わる関連情報を、そうやすやすとは開示するはずがない。それは、デジタル人民元が発行された後でも、基本的には変わらないのではないか。

情報が少ないことを補う狙いもあり、本書ではデジタル人民元にできる限り多くの側面からのアプローチを試み、分析をすることを心掛けた。

それは、米中覇権争い・新冷戦構造という国際情勢、通貨覇権の歴史と現状、中銀デジタル通貨を巡る各国競争、プラットフォーマーの金融分野参入、決済ビジネスと金融業の将来、など多岐にわたっている。読者がそれぞれの関心に合わせて、本書の一部を参照できる構成とした。

国際情勢の観点からデジタル人民元に関心を持つ読者は、第2章と第3章を中心に読んでいただきたい。デジタル人民元、中銀デジタル通貨自体に関心がある読者は、第1章と第5章、プラットフォーマーとその規制に関心がある読者は、第4章と第6章、中銀デジタル通貨、プラットフォーマーを含めた金融ビジネスの将来像、いわば新たな均衡点に関心がある読者は第6章を、それぞれ参照していただきたい。

本書が、極めて多様な顔を持つデジタル人民元について読者が理解を深めるための一つの指針となれば幸いである。

目次　決定版　デジタル人民元

第2章

デジタル人民元は米国の金融覇権への挑戦

第3章

米中対立から新冷戦構造へ

第4章

中国で進むプラットフォーマーへの統制強化

第5章

世界で動き出す中銀デジタル通貨構想

第1章

世界を震撼させる「デジタル人民元」

第1節 「デジタル人民元」とはいったい何か

主要国で初！　中国が中銀デジタル通貨を発行へ

2020年10月、中国広東省深圳の市民が沸いていた。当局から一人当たり200元（約3200円）のご祝儀（紅包）が配られたからだ。ただ、彼らが受け取ったのは、祝儀袋に入った人民元札ではなく、デジタル人民元である。

デジタル人民元とは、中国の中央銀行である中国人民銀行が発行する、デジタル形式での法定通貨のことだ。このデジタル人民元を広く市民に配布する大規模な社会実験を初めて行う場に、中国4大都市の一つである深圳が選ばれたのだ。この地が選ばれたのは、中国を代表するテクノロジー企業のファーウェイ（華為）、テンセント（騰訊）の本拠地があるなど、先端技術の中心地であることも関係しているのだろう。中国政府は、デジタル人民元が現金と同じような感覚で広く利用されるようになることを目指している。

デジタル人民元のような各国の中央銀行が発行するデジタル形式での法定通貨は、中央銀行デジタル通貨あるいは中銀デジタル通貨（ＣＢＤＣ：Central Bank Digital Currency）と呼ばれている。最近では、２０２０年10月に中南米のバハマが発行したように、中銀デジタル通貨の発行は新興中小国が先行しているのが現状だ。

一方、主要国の中で中銀デジタル通貨を発行した国は今のところない。そんな中、中国は２０２２年2月の冬季北京五輪で、デジタル人民元を世界にお披露目したいと考えているようで、主要国で初めて中銀デジタル通貨を発行する可能性が高い。深圳は、中国国内だけではなく、「主要国の中で初めて市民が大規模に中銀デジタル通貨を利用した都市」という栄誉を与えられたのだ。

スマートフォン決済などで利用される民間が発行するデジタル通貨（民間デジタル通貨）は、既に世界に溢れている。中銀デジタル通貨も、使い方はこうした民間デジタル通貨とほぼ同じだ。中国を含めた多くの国で、中銀デジタル通貨は、主にスマートフォン決済（ＱＲコード、バーコード）方式で利用されることになるだろう。さらに、スマートフォン決済を補助する形で、プリペイドカード方式も、多くの国で採用されていくと考えられる。

民間デジタル通貨は何が違うのか

それでは、民間デジタル通貨と中銀デジタル通貨との違いは、果たして何だろうか。まず、発行する主体が民間運営会社と公的機関の中央銀行という大きな違いがある。そして、民間デジタル通貨は法定通貨の利用をより便利にするための仕組みであるのに対して、中銀デジタル通貨は法定通貨そのもの、といった根本的な違いがあるのだ。

法定通貨とは、強制通用力を持つ通貨である。つまり買い物の代金として支払うと、売り手と買い手との間の債権・債務の関係を終わらせることができる法的効力を持つ通貨である。それを定めるのは国であり、その価値は国の信用力で成り立っている。

他方、多くの民間デジタル通貨では、民間運営会社が法定通貨と同じ価値をユーザ（利用者）に約束するものである。また、一定の制限はあるが、同額の法定通貨（現金）への換金も保証される。

例えば、現在使われているスマートフォン決済やプリペイドカードは、チャージした金額を、ユーザが買い物等で使えることを民間運営会社が保証するものである。買い物に使われた後には、使った金額分だけ、チャージされたスマートフォン決済のデジタル通貨口座やプリペイドカードなどから減額される。その後、買い物に使われた金額分を民間運営会社が売り手の銀行口座に入金して一連の取引が完了する。

つまり民間デジタル通貨は、その価値を保証する民間運営会社の信用力で成り立っているのである。当然ながら、業績悪化などによってその信用力に不安が生じると、ユーザはそのデジタル通貨の利用を控えるようになってしまう。民間運営会社の信用力は、国や中央銀行と比べて圧倒的に低いのである。

逆に言えば、民間運営会社の経営不振やシステム障害、不正利用などへの不安から民間デジタル通貨の利用を控える人々も、中銀デジタル通貨に対しては「公的機関のデジタル通貨ならば安心だから、スマートフォン決済で使ってみよう」と考えるはずだ。結果、特に日本のようにキャッシュレス化が遅れている国では、中銀デジタル通貨の発行がキャッシュレス決済を一気に普及させることに繋がるだろう。

中銀デジタル通貨は社会インフラ

中銀デジタル通貨にはユーザを一部に限定した「ホールセール型中銀デジタル通貨」もありえるが、多くの人々の利用を想定する「リテール（一般利用）型中銀デジタル通貨」

を発行する場合は、中央銀行はできる限り現金と同様に利用されることを目指す。それは、中銀デジタル通貨が社会インフラになるということを意味する。そこで課題となるのが、万人が利用しやすい仕組み作りだろう。

民間デジタル通貨の場合、民間運営会社は、スマートフォンでの支払いに抵抗を持つ高齢者などに、無理に顧客になるように働きかける必要はない。ＩＴリテラシー（理解力）が低い人に、スマートフォンなどの操作法を一から教えるのは非常にコストがかかり、ビジネスとして成り立たない。民間のビジネスではそうした人たちは見捨てていくのである。

一方、社会インフラとして整備するのであれば、全ての人がいつでも、どこでも不自由さを感じることなく、利用できるようにすることが必要となる。そこで、中銀デジタル通貨の場合は、今までの民間のスマートフォン決済よりも使い方が簡単な仕組みが導入されるだろう。また、公的機関がスマートフォン決済の利用方法を懇切丁寧に教えてくれる可能性もあるのではないか。

日本の場合、仮に日本銀行が中銀デジタル通貨を発行することになった際には、スマートフォンの無料配布を検討すべきだとの議論も聞かれる。全ての国民を見捨てず、社会インフラとして定着させることこそが、中銀デジタル通貨を発行する際の中央銀行の使命となる。それが国全体のキャッシュレス化の促進にも繋がるだろう。

リブラ計画がデジタル人民元の発行を急がせた

中国の状況はどうかというと、キャッシュレス化の遅れた日本とは全く異なる。アリペイ（Alipay）とウィーチャットペイ（WeChat Pay）という2つのスマートフォンのQRコード決済が、既に国民の間に広く浸透している。それなのになぜ、中国はデジタル人民元の発行を急ぐのだろうか。

中国人民銀行は、2014年にデジタル人民元の研究を始め、2016年には、時期を特定せず、中期的にはそれを発行する考えを明らかにしていた。その発行計画を一気に前倒ししたのは、2019年6月、フェイスブックが新型デジタル通貨リブラ（現ディエム）計画を発表したことによる。リブラは、主要国の法定通貨にその価値を連動させることで価格が安定するように設計されているのに加え、世界の人口の3分の1程度に相当する利用者がいるフェイスブック関連アプリ上で利用できることから、それ以前の仮想通貨（暗号資産）とは異なり、国境を越えて世界で幅広く使われる可能性が出てきたのである。

しかしこれに対し、先進国の金融当局は、リブラが各国の金融政策、金融システムに悪影響を与え、またマネーロンダリング（資金洗浄）等の犯罪に利用されることを強く警戒。

中国もまた、様々な理由からリブラが中国国内や周辺国で利用されるのを恐れたのである。その後、中国は、リブラを念頭に国内での仮想通貨の利用を禁じた。

リブラやその他の仮想通貨がアリペイとウィーチャットペイなどと違うのは、前者は、法定通貨の人民元建てではなく、また、ブロックチェーン（分散型元帳）技術など、銀行システムとは異なるシステムが使われる点にある。

デジタル人民元発行の狙いは何か

では、中国が周辺国でリブラが広く利用されることを強く警戒した理由は何か。それはおそらく、人民元の国際化という国家戦略の大きな障害になると考えたからではないか。当初のリブラ計画では、リブラの価格のおよそ半分はドルで決まる設計となっていた。中国にとって、リブラはデジタル形式の法定通貨ドル、いわばデジタルドルに近い存在だったのだ。国内でリブラを禁じても、それが周辺国では広く利用され、通貨面で囲い込まれることを中国は恐れた。

中国は、デジタル人民元を発行する狙いを明確にしてはいないが、デジタル人民元発行を起爆剤にして人民元の国際化を進め、米国の通貨覇権、金融覇権に対抗することに最大の狙いがあると筆者は考えている。

リブラは、そうした計画の大きな障害になる可能性があったことから、中国はデジタル人民元の発行計画を早めた可能性が高い。デジタル人民元発行の底流には、近年激しさを増す米中対立があるのだ。この点は、本書のまさに議論の中核部分であり、後に第2章と第3章で詳しく見ていきたい。

ただし、デジタル人民元発行の狙いは、それだけではないだろう。2番目に重要と考えられるのが、アリペイ、ウィーチャットペイの影響力を徐々に低下させていくことなのではないか。決済アプリのアリペイを提供する金融プラットフォーマーのアント・グループなどが、伝統的な金融機関のビジネスを圧迫しながら巨額の利益を挙げ、独占状態を築き上げてきたことを強く牽制する狙いがあるだろう。

実際、当局は、２０２０年末から電子商取引最大手のアリババグループとその傘下にある金融会社のアント・グループへの規制を一気に強め、まさにアリババ・アント帝国の崩壊を図っているかのようである。アリババグループ、アント・グループが持つ大量の個人データを国家が吸収して、国民の統制に利用する狙いもあるのかもしれない。こうした点については、第4章で解説する。

この他、デジタル人民元発行の目的には、紙幣の偽造対策、紙幣を用いた犯罪に関連する取引への対策なども含まれるだろう。しかしいずれにせよ、なぜデジタル人民元を発行するのか、その狙いを中国当局が対外的に説明することは今後も考えられない。それは、想像力を持って多方面から推察していく他ないのである。

次節からは、デジタル人民元とは何か、発行に向けた中国の取り組みやそこから見えてきたデジタル人民元の実像、中国を取り巻く海外の動きなどをさらに詳しく見ていこう。

第2節

世界に先駆けて進められる大規模な実証実験

ついに始まったデジタル人民元の実証実験

2019年6月、デジタル人民元の発行計画を打ち出した当初、中国は「主要国で中銀デジタル通貨発行の一番乗りになる」と宣言。2019年中にもデジタル人民元が発行されるとの観測も浮上していた。

しかしその後、発行に向けた具体的な動きはパタッと見られなくなる。その理由の一つは、新型コロナウイルス感染症の影響だろう。実証実験などをしばらく見合わせる必要が生じたと予想される。

そしてもう一つの理由は、中国が強く警戒していたリブラ計画が、先進国の強い牽制によって軌道修正を迫られ、中国にとってすぐさま脅威になることはなくなったからだろう

（第5章）。

しかし理由はそれらだけではない。中銀デジタル通貨の発行には膨大な準備が必要であることを、中国人民銀行が改めて認識したからではないか。

実際のところ、中銀デジタル通貨は民間デジタル通貨のように簡単に発行できるものではない。決して失敗が許されない世界なのだ。例えば、発行後にシステム上の大きな脆弱性が明らかになったり、深刻なシステム障害が起きたりすれば、中央銀行の信認は大きく失墜してしまう。

また、中銀デジタル通貨の発行には、法整備も欠かせない。関連する今の法律は、どこの国でも、デジタル形式での法定通貨を想定していないものがほとんどだろう。中国人民銀行総裁も、「（中銀デジタル通貨の発行準備に）最も時間がかかるのは法整備だ」との主旨の発言をしたことがある。

そうした中、2020年8月に中国政府は、デジタル人民元の試行テストを実施する場所を5か所（深圳、蘇州、雄安新区、成都、北京）から、今後、全国28か所にまで広げていく計画を発表。さらに本章の冒頭で述べたように、10月には深圳で市民による初めての大規模なデジタル人民元の実証実験を行った。これを受けて世界は、中国がデジタル人民元の発行にかなり近づいていることを思い知らされたのである。

中国にとって最重要の国家秘密の扱いであるデジタル人民元について、その実像の一端を知ることができる唯一の機会こそが、この実証実験についての報道だ。そこで本節では、２０２０年10月以降に行われたデジタル人民元の実証実験をやや詳細に振り返ることで、その実像に迫ってみたい。

日本と中国、実証実験の速度差

中国当局は、デジタル人民元の機能を複数の都市でテストし、その耐久性を様々な観点からチェックしている。その際、同時に消費刺激など、別の目的と組み合わせた取り組みも行っている。最近では、２０２１年2月の春節（旧正月）に、帰省などの旅行を控えた人にデジタル人民元をご祝儀（紅包）として提供する試みがなされた。旅行による新型コロナウイルスの感染拡大を抑制するのが狙いである。

一方、わが国はというと、日本銀行も今後、中銀デジタル通貨の実証実験を行う考えを２０２０年10月に明らかにしている。日本銀行はそこで、実証実験の３つのフェーズを示した。第１段階は基本機能（発行・送金・還収）の検証、第２段階は周辺機能の検証、第３段階は実際に店舗や消費者が参加する形での利用実験が行われる予定である。第１段階の実証実験は、２０２１年４月に始められたが、第２段階、第３段階については、実施時期は未定であるとしている。

　これに対して、先行する中国で行われているのは、民間の事業者や消費者が実際に中銀デジタル通貨を利用する大規模なパイロット実験である。日本銀行の分類では第３段階に当たる実証実験だ。先述した通り、今後はさらに実証実験を行う場所を広げる計画である。具体的には、北京・天津・河北、長江デルタ、粤港澳大湾区（広州、仏山、肇慶、深圳、東莞、恵州、珠海、中山、江門の９市と香港、マカオ両特別行政区によって構成される都市圏）と中・西部の条件を満たした全28か所で実験が行われることになっている。

深圳で初めて行われた実証実験

　そして２０２０年10月には、習近平国家主席の訪問に合わせるように、深圳でデジタル人民元のご祝儀実験が行われたのである。抽選で当選した5万人の市民に対して、一人当たり２００元（約３２００円）、総額１０００万元（約1億６０００万円）に上るデジタル人民元が配られた。

　当選した人の話によると、当選を知らせるショートメッセージに記載されたリンク先からデジタル人民元のアプリをスマートフォンにインストールし、そこに電話番号を打ち込むと登録が完了して、個人用デジタルウォレットが作成されたそう。その後、このウォレットにデジタル人民元２００元が振り込まれたという。

デジタル人民元のアプリ上では、画面の右上にＱＲコード読み取りのアイコンが表示される。使い方はアリペイやウィーチャットペイと同じで、ユーザが業者側の受け取りコードをスキャンするか、業者側がユーザの支払いコードをスキャンすると支払いが完了する。そのため、多くの人はデジタル人民元をスムーズに利用できたようだ。

期間中、深圳の羅湖区内のスーパーや飲食店、ガソリンスタンドなど、約３４００店舗でデジタル人民元が利用された。

蘇州の実証実験はさらに大規模に

深圳での実証実験からわずか2か月後の２０２０年12月には、江蘇省蘇州でより規模の大きな実証実験が実施された。抽選で当選した市民らには深圳と同額の一人当たり２００元（約３２００円）が配られたが、当選者の数は深圳の2倍の10万人へと拡大されたのである。また、この実験では市内のスーパーや飲食店などの実店舗だけでなく、ネット通販大手の京東集団（ＪＤドット・コム）のサイトなど、初めてネット上でデジタル人民元が利用できた。実験の領域が一段と広げられたのである。

さらに、蘇州での実証実験でもう一点注目されたのは、ネットに繋がっていなくても支払いができる「オフライン決済」だ。深圳での実験でも一部で試された可能性があるが、少なくとも蘇州では、より本格的にオフライン決済の実験が行われたのである（37ページ参照）。

蘇州での実証実験は「双12」、つまり中国で恒例となっている12月12日のネット通販値引きセールに合わせて、12月11日から始められた。ネットショッピングが急増しても、デジタル人民元による支払いに問題が生じないかどうかをチェックするためだ。実際、「双12」のネットショッピングでは、デジタル人民元による支払いが1日で2万件近くもあったが問題は起きなかった。「80後（１９８０年代生まれ）」と「90後（１９９０年代生まれ）」の若者の利用が、全体の80％近くを占めたという[1]。

このように当局は、場所や時期を変え、また、利用手段などを変えながら、様々なケースで、デジタル人民元の実証実験を行って、そのデータを収集しているのである。その後２０２１年１月にも、深圳で再び実証実験が行われたり、上海の長寧区にある上海交通大学医学院附属同仁病院の職員食堂で、カード方式のデジタル人民元の利用が始まったりしている[2]。

海外での利用を視野に入れた実験も

デジタル人民元の実証実験は今後、国内だけでなく国境を越えた利用を想定したものへと拡大していくことが予想される。2020年10月に、香港金融管理局（中央銀行に相当）の余偉文総裁は、デジタル人民元を越境（クロスボーダー）決済で利用する実証試験に向けて、中国人民銀行と協議していることを明らかにした。大湾区（広東省9都市、香港、マカオ）内での相互アクセスを加速させるため、香港金融当局は既に専門チームを立ち上げており、中国側と協力体制を整えているという。

このプロジェクトが実現すれば、異なる通貨が流通する地域をまたいだデジタル人民元の実験が初めて行われることになる。それは、将来的にデジタル人民元を中国外で使用したり、国際決済・送金に利用するための準備となるだろう。

さらに、一部メディアの報道によれば、マカオのカジノでもデジタル人民元の導入が検討されているもようだ[3]。マカオ当局は、カジノ運営会社と接触してデジタル人民元導入の実効性について協議を行い、デジタル人民元を使ったチップの交換を想定しているとい

図表 1-1　デジタル人民元発行に向けた歩み

2014年	中国人民銀行内にデジタル通貨の研究チームが発足
2017年	中国人民銀行が深圳デジタル通貨研究所を設立
2019年　7月	中国人民銀行がデジタル人民元の発行計画を正式表明
10月	デジタル通貨発行の前提となる「暗号法」が成立
2020年　4月	成都や河北省・雄安新区などで関係者向けに実証実験開始
8月	商務省は今後全国28か所へと試行テストの実施を広げていく計画を発表
10月	深圳で5万人を対象に実証実験
11月	中国人民銀行法改正案を公表
12月	蘇州で10万人を対象に実証実験

（出所）各種資料より野村総合研究所作成

う。こういった「カジノのデジタル化」は、中国政府が以前から力を入れていたカジノでのマネーロンダリング対策の強化という狙いがあるのかもしれない。ただし、香港メディアによると、マカオ当局はこの報道内容を否定しているという。

　デジタル人民元の実証実験が行われる都市はその後も拡大しており、最近では２０２１年６月に大規模な実験が行われた。

第3節

次第に明らかになるデジタル人民元の実像と利用法

実証実験で見えてきた実像

前節で見てきたような大規模な実証実験を通じて、デジタル人民元の姿の一端が次第に明らかになってきている。見えてきたその実像を一つずつ確認していこう。

２０２０年10月の深圳での実証実験に先立って明らかになったのは、「デジタル人民元を、既存の銀行やアリペイ、ウィーチャットペイなどのアプリ上で利用できるようにする」という点だ。その方が、新たな仕組みを一から作るよりコストや時間を節約でき、またユーザにとっても新しい使い方を覚える手間を省くことができる。

それに先立つ２０２０年の夏、デジタル人民元の使い方に関して、中国人民銀行デジタル通貨研究所の穆《ぼく》長春所長が興味深い説明をしていた。[4]「スマートフォン同士を近づけるだけでデジタル人民元を移転させる（送金する）ことができ、ネットワークに繋がっている必要はない」というものだ。

これは、スマートフォン本体にデジタル人民元の価値が保存できることを意味している。中銀デジタル通貨に限らず、一般にデジタル通貨は「口座型」と「オフライン型（持ち運び型、あるいは分散型）」の大きく２つに分けられる。日本でも利用される多くのスマートフォン決済（ＱＲコード、バーコード）は、前者の口座型で管理されている。

他方、交通系ＩＣカードなどのプリペイドカードは、後者のオフライン型だ。ネットワーク上の口座（ウォレット）ではなく、カード自体に価値が保存されているのである。なかには日本のモバイルＳｕｉｃａのように、その価値をカードではなくスマートフォンに移して使うタイプもある。

デジタル人民元は、まさにモバイルＳｕｉｃａのようにして利用できるということだ。さらに、モバイルＳｕｉｃａにはない、スマートフォンを通じて他のユーザへデジタル人民元を送金する機能も有する。

この時点で、デジタル人民元は、口座型とオフライン型とが組み合わされた設計となることがわかったのである。

オフライン型方式が市民に好評

オフライン型の最大の欠点は、デジタル通貨を保存したカードやスマートフォンを仮に紛失すると、その価値を失ってしまう点だ。一方、その最大の利点は、自然災害時やシステム障害などでネットワークが稼働していなくても利用できるところである。

実際、オフライン型のデジタル人民元は２０２０年12月の蘇州での実証実験で、大規模に用いられた。アリペイなどは通信事情が悪い場所では上手く使えない場合があるが、「オフライン型決済は、通信事情にかかわらず円滑な支払いができた」と市民に好評だったようだ。中国関連ニュースのプラットフォームである『レコードチャイナ』（Record China）は次のように報じている。[5]

「携帯電話のネット機能をオフにしても決済ができる？」。蘇州市の陸さんが興味深そうな様子で機内モードにした自分のスマートフォンを店頭のスマホにそっと近づけると、自分のスマホのディスプレーに表示されていたデジタル人民元が店頭のスマホにすっと移動した。陸さんは大喜びで、「便利で速い。これからは支払いをするときに通信状態を気にしないですむ」と話した。

ちなみに、このかざして通信するオフライン決済方式には、近距離無線通信（ＮＦＣ：Near Field Communication）が使われている。

市民はデジタル人民元をどのように使ったか

蘇州の実証実験については、市民がどのような手順でデジタル人民元を利用したのか、『東方新報』が次のように詳細に報じている。[6]

①市政府からスマートフォンでメッセージを受け取った当選者は、リンク先のサイトからデジタル人民元アプリをダウンロードし、アプリに表示される指示に従って携帯電話番号と認証番号を入力して２００元を受け取る。

②アプリ画面に「銀行に預金する」と「ウォレットにチャージする」、の２つの選択肢が表示され、ユーザはどちらかを選択する。「取引記録」では、羅湖区工業情報化局から２００元の入金記録が確認できる。

③アプリを再度開くと、１００中国人民元札の画像が現れ、左上にウォレット内の残高が表示される。支払いの際にはＱＲコードを読み取らせる。

④一部の店舗では、スマートフォンを読み取り機に近づけるタッチ方式で支払うことも可能。

また、『レコードチャイナ』が報じるところによると、蘇州の実証実験では、深圳の時よりも一段と機能が強化されたことがわかる[7]。

①デジタル人民元のアプリをスマートフォンにダウンロードした後、ユーザは業者側にデジタルウォレットのサブウォレットを開設するかどうかを選択できる。開設すれば暗証番号を入れる手間が省ける。サブウォレットによる支払いは便利で速いだけでなく、セキュリティーレベルが高い。ユーザはサブウォレットの支払限度額を調整したり、サブウォレットを閉鎖したりできるが、業者側はユーザ個人の情報にアクセスできないので、ユーザのプライバシーが守られる。

②蘇州の実験では、ユーザがスマートフォンのＱＲコードを読み取らせるだけではなく、自らがＱＲコードを読み取ってデジタル人民元を使えるようになった。

③蘇州の実験では、一部の利用者が双方向でのオフライン決済を体験した。

中国国内での認知度は未だ不十分

このように、既に大規模な実証実験が行われているデジタル人民元であるが、中国全体で見ると、国民の間での知名度、理解度は必ずしも高くはないようだ。

中国ニュースサイトの『澎湃《ほうはい》新聞』が実施したデジタル人民元に関するインターネットアンケートによると、「デジタル人民元がどういうものか知らない」と回答した人が、全体の２割近くに上った。またアリペイなど、既存のモバイル決済システムと混同している人が３割もいたという[8]。

より詳細に見ると、回答者５２６人のうち、デジタル人民元について「どういうものか知らない」と答えた人が17・９％、「アリペイやウィーチャットペイに似たもの」と答えた人が29・９％。中国人民銀行の定義通りに、「デジタル化した現金で、一定の匿名性を持つもの」と正確に答えることができた人は51・５％と約半分にとどまった。

また、デジタル人民元はアリペイやウィーチャットペイとは違って、オフライン状態でも決済できるのが大きな特徴だが、この特徴についても59・７％の人が「知らない」と答えている。

社会的な混乱を生じさせないためにも、デジタル人民元を実際に本格導入するまでには、中国国内でさらにその周知を図る必要がありそうだ。

第4節

アリペイ、ウィーチャットペイと何が違うのか

無料で提供されるデジタル人民元

この節では、デジタル人民元と、アリペイやウィーチャットペイなどのキャッシュレス決済サービスとの違いについて、改めて確認していこう。

既に見たように、中銀デジタル通貨とでは、その信頼性に大きな違いがある。さらに、社会インフラとして導入されるデジタル人民元に対して、アリペイなどは、あくまでも民間ビジネスであるのも異なる点だ。そのため、デジタル人民元は利用を望む国民全てが問題なく利用できるよう、国によって十分な配慮がなされるが、アリペイやウィーチャットペイは、採算に合わないサービスは行わない。

また、社会インフラと民間ビジネスでは、導入にかかる費用に関しても違いが現れる。アリペイなどは、その決済サービスを導入した店舗からは利用料をとっているが、デジタル人民元を利用する場合、店舗からは利用料をとらず、また必要な設備は店側に無償で提供されるだろう。実証実験でも、デジタル人民元を利用するためのシステム改造に必要なコストは、事業主ではなく、運営機関が負担した。

中国人民銀行デジタル通貨研究所の穆長春所長は、「デジタル人民元は非営利性のものであり、社会効率と福利の最大化を追求しているため、人民銀行は無償のデジタル人民元価値移転体系と金融インフラを構築し、発行側から流通費用を徴収せず、商業銀行も顧客からデジタル人民元交換の際のサービス料を徴収しない」と説明している[9]。

デジタル人民元は通貨そのもの

一方、アリペイ、ウィーチャットペイについて、穆長春所長はこう述べている[10]。「アリペイ、ウィーチャットペイは金融インフラであり、ウォレットだ」。

アリペイなどの決済は、銀行預金を用いて行われる。それぞれの運営企業が商品の売り手と買い手の間に立ってその売買を仲介し、銀行預金での決済を行う「エスクロー

（Escrow）」というサービスの発展形と言えるだろう。仕組みは新しいものではあるが、伝統的な銀行の決済制度に依存したもので、技術上の大きな革新性はないと言えるのではないか。

他方、デジタル人民元は、アリペイ、ウィーチャットペイのような決済の仕組みなのではない。通貨そのものである。

デジタル人民元は、その発行を担う銀行のアプリだけでなく、アリペイ、ウィーチャットペイでも利用できる。それらのウォレットに入れられる中身に、新たに中央銀行が発行するデジタル通貨が加わるということだ。

運用はアリペイ、ウィーチャットペイとも協力

先にも述べたように、デジタル人民元の発行には、デジタル決済分野におけるアリペイ、ウィーチャットペイの影響力を低下させ、銀行の存在感を高める狙いもあると考えられる。しかし、アリペイ、ウィーチャットペイでの利用を想定しているところからもわかる通り、中国当局は少なくとも当面のところ、これらのサービスを排除することは想定していない。

デジタル人民元の流通の過程では、決済チェーン上の各民間当事者、つまり民間の銀行やアリペイ、ウィーチャットペイを提供するアント・グループ、テンセントが共同でその運営を担う。さらに、中国人民銀行デジタル通貨研究所は既に京東デジタル科技集団と戦略的パートナーシップ協定を結び、モバイルアプリやブロックチェーンプラットフォームの共同研究を進めるという。また、アント・グループも、デジタル人民元の研究開発テストに積極的に参加することを明らかにしている。

穆長春所長は、「純公共財であるデジタル人民元は、何らかの決済方式の代替を目指すのではなく、電子化決済の重要な補完物となる」と語り、対外的には、民間ビジネスとの協業を進める考えを強調している。

民間銀行や、アント・グループ、テンセントなどモバイル決算運営会社、及び中国人民銀行は、共同でデータベースを運用し、利用者間のデジタル人民元の流れを追跡するデータベースを保管することにもなる。

現時点では、デジタル人民元の利用で蓄積されていく取引履歴などの個人データは官民共同での管理となると予想される。

ちなみに、デジタル人民元には当初、ビットコインなどの仮想通貨サービスで採用されている分散型元帳技術の一つ「ブロックチェーン技術」が用いられると考えられていた。

しかし実際には、ブロックチェーン技術の採用は一部にとどまっているという。取引量が膨大で迅速な処理が求められるため、個人向けのデジタル人民元の決済処理としては、ブロックチェーン技術は不向きなのだろう。

デジタル人民元の発行に向けた法整備も進む

デジタル人民元と民間決済サービスとの大きな違いはもう一つある。それは法定通貨であるデジタル人民元の発行には、法整備が必須である点だ。中国人民銀行の総裁が準備で最も時間がかかるのは法整備だという意味の発言をしたことがあるように、実際、法整備は大掛かりなものとなった。

中国人民銀行は２０２０年10月に、デジタル人民元の発行に法的根拠を与える人民銀行法改正案の草案を公表した。人民銀行法が改正されるのは２００３年以来、17年ぶりとなる。そこでは、「人民元は実物形式とデジタル形式を含む」と人民元が再定義された。

さらに、貨幣の供給が不安定になるのを防ぐために、「いかなる組織、個人も代替のデジタル通貨を発行してはならない」として、事業所と個人によるデジタル代用通貨（仮想通貨）の製作と発行・販売を禁止したのである。

人民銀行法改正案の草案では、同時に金融違法行為に対する罰則を強化している。重大な違法行為については量刑を重くしても良いとし、罰金の上限を2000万元（約3億4000万円）にまで引き上げている。また、業務停止命令、ライセンスの無効化、市場参入禁止など、人民銀行の許可を得ている機関に対して科せられる処罰措置も増やした。

第5節 デジタル人民元が先進国の警戒対象に

ビットコインとリブラ計画

中国を含めた主要国の中央銀行が、中銀デジタル通貨の研究を本格的に始めるきっかけとなったのは、「ビットコイン」の登場だった。

ブロックチェーン技術に基づくこの仮想通貨が広く支払いに利用されるようになれば、現金や銀行預金を代替し、国境を越えて流通するようになる。そのことによって生じる様々な影響を、各国の中央銀行は懸念したのだ。そしてビットコインを迎え撃つことを視野に入れて、中銀デジタル通貨の発行を検討し始めたのである。

しかし、価格の変動が激しいビットコインやその他の仮想通貨は、投資対象とはなっても、支払いの手段として広くは使われにくい。この点が次第に明らかになると、中央銀行にとっての大きな脅威ではなくなっていった。その結果、各国での中銀デジタル通貨の議論もペースダウンしていったのである。

ところがそうした状況を一気に変えたのが、2019年6月にフェイスブックが打ち出した、新たなデジタル通貨「リブラ」の発行計画だ。世界中で支払い手段として利用される条件を備えているこの新たな通貨を、各中央銀行はビットコイン以上に警戒し始めたのである。そして、このリブラ計画に最も迅速に反応したのが中国だったのだ。

G7の警戒はリブラからデジタル人民元へ

2020年10月に、G7（主要7か国）財務大臣・中央銀行総裁会議がオンライン形式で開かれた。そこでは、デジタル通貨やデジタル決済が主な議題となり、会議開催後には共同声明が出された。

そこでは、リブラの発行計画を念頭に、法定通貨に価値を連動し価格を安定させることで、世界で広く利用できるように設計される「グローバル・ステーブルコイン」等を、「法律・規制・監督上の要件に十分対応するまではサービスを開始すべきではない」と強く牽制したのだった。

ただし、これは従来のG7、G20（主要20か国・地域）財務大臣・中央銀行総裁会議での議論を再確認したものに過ぎない。それ以上に注目されたのは、名指しは避けながらも、中国のデジタル人民元を強く牽制したことだった。

フェイスブックはその時点で既に、リブラ計画について、主要複数通貨に価値を連動させる「グローバル・ステーブルコイン」として発行する当初の計画を修正し、当面は単一通貨に紐付けられたデジタル通貨として発行する方針を明らかにしていた。そのため、リブラが国境を越えたマネーロンダリングに広く利用されたり、各国の金融政策、金融システムに深刻な悪影響を与えるリスクは小さくなったとして、G7は警戒心をやや緩めたのだ。そして、G7の主な警戒対象は、リブラからデジタル人民元へと移ることになる。

声明文では「透明性」「法の支配」「健全な経済ガバナンス」の3つを、事実上、中銀デジタル通貨が満たすべき3原則として示している。透明性、法の支配などは、中国の安全保障上の行動や一帯一路構想でのインフラ投資、途上国債務問題など多くの分野で、米国を中心とした先進国が中国の行動を批判、牽制する際に使ういわば常とう句である。つまりG7は、中国への牽制の対象を中銀デジタル通貨の分野にまで広げてきたのである。

実際、会議後の記者会見で麻生太郎財務相は次のように述べてG7の議論と声明文が中国を意識したものであることを隠さなかった。

た。これは中国も含めた（中銀デジタル通貨）導入の動きを念頭に置いたものだ」。

「『中国さん、あんた透明性は大丈夫？』という話だ」。

デジタル人民元を攻めあぐむG7

ただし、中銀デジタル通貨を含め、各国でどのような通貨、どのような決済システムを導入するかは、国家主権に関わる問題であり、それぞれの国が独自に決めるべきことだ。それを承知の上で、G7が中国のデジタル人民元構想を強く牽制したのは、その利用が中国一国にとどまらず、様々な国で流通することを想定、あるいは確信しているからに他ならないだろう。その場合、他国の金融システムや金融政策にも看過できない悪影響が及ぶ可能性が出てくる。

実際、中国がデジタル人民元の発行で目指すのは、人民元の国際化推進や米国の通貨・金融覇権に対する挑戦であると考えられる（詳しくは第2章）。G7がデジタル人民元を強く警戒し牽制するのも、こういった中国の思惑を理解してのことだろう。

また、中国が中銀デジタル通貨で最先端の技術を開発し、世界標準を作り上げてしまうことや、人民元の国際化が進むことでドルの通貨覇権が揺らぎ、ドル暴落などの事態を招くのを恐れているためでもある。

Ｇ７がそうした本音を隠しつつデジタル人民元を牽制してみても、それは中国側に見透かされるため、デジタル人民元構想に歯止めをかけるのは難しいだろう。デジタル人民元に限ったことではないが、中国が重要な国家戦略を明らかにすることはありえないため、今後も、「主に国内での利用を考えているデジタル人民元について、他国が干渉するのは不当だ」と中国は主張して、Ｇ７の牽制をかわし続けるのではないか。

Ｇ７会合の直後に開かれ、中国も参加したＧ20財務大臣・中央銀行総裁会議の共同声明では、中銀デジタル通貨については全く言及されなかった。その透明性の問題点などを指摘し、デジタル人民元の計画を強く牽制するような文言を声明文に入れるのを、中国は認めなかったのだろう。

リブラ計画は、先進国が強い懸念を示すことで軌道修正へと追い込めた。しかし同じ手は、中国には効かない。デジタル人民元に対抗するためには、結局、先進国も自ら中銀デジタル通貨の発行を急ぐしかないのだ。

現状、中銀デジタル通貨の発行については、比較的前向きな欧州、慎重な日本、それ以上に慎重な米国と、Ｇ７各国の中でも温度差は大きい。

しかし、2022年までの発行を目指しているとされるデジタル人民元計画は、中銀デジタル通貨の発行に二の足を踏む国にも、その検討を強く促す影響力を持ち続けるだろう。先進国での中銀デジタル通貨発行については、第5章で改めて議論したい。

1 「デジタル人民元の評価上々　中国で進む実証実験」、ChinaWave 経済・産業ニュース、2020年12月22日

2 「デジタル人民元のカード型ウォレット　初の試験使用」、新華社ニュース（中国通信社）、2021年1月6日

3 「【統計】カジノで『デジタル元』導入検討か、マカオ当局は否定　香港」、亜州リサーチ 中国株ニュース、2020年12月3日

4 「デジタル人民元応用の5つのイメージ　端末を近付けて送金完了?」、人民網、2020年8月24日

5 「デジタル人民元のテスト加速、初のオンライン消費シーン」、Record China、2020年12月17日

6 「深圳でデジタル人民元ボーナス、期間限定で利用開始」、東方新報、2020年10月25日

7 「デジタル人民元のテスト加速、初のオンライン消費シーン」、Record China、2020年12月17日

8 「デジタル人民元認識度調査、国民の2割『知らない』と回答」、亜州リサーチ、2020年12月17日

9 「デジタル人民元とは何か―中国メディア」、Record China、2020年11月24日

10 「デジタル人民元とは何か―中国メディア」、Record China、2020年11月24日

第2章

デジタル人民元は米国の金融覇権への挑戦

第1節

香港問題で金融分野にも広がる米中の対立

形骸化する香港の一国二制度

この第2章では、中国がデジタル人民元の発行を急ぐ背景にある、米中の金融・通貨分野での対立の構図を明らかにしてみたい。

米国のトランプ前政権が、中国との間に貿易戦争とも呼ばれる激しい摩擦を引き起こしたことは、まだ記憶に新しいところだ。２０１９年12月の米中貿易交渉「第1段階の合意」で、両国の対立はやや沈静化に向かった感もあったが、そうした中で新たな対立の火種として急浮上したのが、２０２０年の香港問題である。

それは、両国の対立の舞台を金融分野へと一気に広げるきっかけになり、デジタル人民元計画にも大きな影響を与えたと考えられる。

2020年5月の中国の全人代（全国人民代表大会：日本の国会に相当）で、香港市民の基本的人権に制限を加える「国家安全法（香港国家安全維持法）」を導入する方針が、圧倒的な賛成多数で採択された。その後、同法は6月に可決、7月に発効された。香港に高度な自治を認めた「一国二制度」のもとでは、香港の法律は香港立法会が作る決まりとなっていた。

しかし、この国家安全法によって、全人代は香港立法会を通さずに香港の法律を制定できるようになった。また、中国の国家安全当局が、新設の出先機関を通じて香港で犯罪を取り締まることが可能となり、集会や言論の自由が失われる恐れが高まった。これらの点により、香港の一国二制度の形骸化は決定的なものとなったのだ。

国家安全法を香港に導入した中国政府の狙いは、中国の政治体制を大きく揺るがしかねない香港での民主化運動を抑え込むことにあった。特に警戒したのは、海外勢力が香港での民主化運動を支え、中国の体制を揺るがす可能性だろう。

そして新型コロナウイルス問題が、その導入決定を後押しした面もあるだろう。香港政府は感染防止を名目に集会などを許可していなかったことから、香港での反対運動を抑え込みやすいタイミングでもあったのだ。

中国の強硬姿勢と世界の反応

しかし、当然のことながら、国家安全法の導入は「一国二制度」のもと保障されるべき香港の自由を脅かすものだと、米国や英国を中心とした国際社会からの強い批判を受けることになる。

トランプ前政権のもとで米国が保護主義傾向を強める中、中国政府は自らこそ自由貿易を主導するリーダーであるとして、国際世論を味方につけられるように振る舞ってきた。そうした姿勢と比べると、海外からの批判が高まる中で国家安全法の制定を強行したことは、国際世論に一気に背を向ける異例の対応のように見えた。

中国政府は、「米国などが香港での抗議活動を陰で支援し、中国の体制転換を画策している」と強い警戒感を持っていたのだろう。そのため、もはや国際世論に配慮する余裕もなくなってきていたのかもしれない。

２０２０年6月末にスイス・ジュネーブで国連人権理事会が開催され、この国家安全法に関する審議が行われた。国家安全法に反対したのは、日本をはじめ、先進国を中心とする27か国だった。

ところが、賛成した国は53か国と、反対した国の数の約2倍に上ったのである。そこには、中国をはじめ、ベラルーシ、カンボジア、キューバ、ミャンマー、北朝鮮、パキスタンなど、中国の友好国である新興国が名を連ねた。第3章で見るような、中国を中核とする新興国グループと先進国グループとに二分されていく将来の世界の姿を予感させる結果であった。

中国か米国か、踏み絵を迫られる金融機関

一方、国家安全法を受けて、米国政府は中国に対する制裁措置に迅速に乗り出した。

それまで米国は、1997年の香港返還を前に1992年に成立させた「香港政策法(United States-Hong Kong Policy Act)」のもと、香港に高度な自治を認める一国二制度を前提にして、関税やビザ発給などの面で香港を中国本土よりも優遇してきた。しかし国家安全法の制定への対抗措置として、こうした香港の優遇措置を解除するとともに、中国、香港に対する制裁措置を可能とする「香港自治法(Hong Kong Autonomy Act)」を2020年7月に成立させた。ここでは、香港の自治を侵害している個人、団体のみならず、それらと「相応の取引」がある金融機関も制裁の対象になり得るとした。

具体的な制裁手法には、米国金融機関からの融資の禁止、米国管轄の外国為替取引の禁止、米国管轄の銀行取引の禁止、米国管轄の資産取引の禁止、米国管轄の輸出・再輸出・移転の制限など、8項目が並べられた。

制裁の対象と認定されれば、米銀との取引が停止される可能性があり、ビジネスに大きな制約を受けてしまう。こうした米国の措置を受けて香港に拠点を置く外国金融機関は、米国の制裁の対象となる取引先がないかのチェックを急いだ。

ところが、彼らがそうした個人、団体を取引先から外す、あるいは口座を凍結すれば、今度は、「外国勢力との結託」を取り締まる中国の国家安全法に違反する可能性も出てくる。香港の金融機関は、両国の板挟みでどちらにも動きようがない状況に追い込まれてしまったのである。

香港はまさに米国と中国という2つの異なる体制の国がぶつかりあう場所、その最前線だ。それゆえに、大きな矛盾も内包している。外国金融機関は、いずれは米国を選ぶか中国を選ぶか、踏み絵を迫られる。中国であって中国でないかのような香港で、双方の「いいとこどり」をしてきた外国金融機関にとって、香港のビジネス環境は急激に悪化してしまったのである。

米国からの制裁には耐えられないと判断した一部の外国金融機関は、中国ビジネスを捨てて香港から撤退する道を選び始めた。一部はシンガポールに、一部は上海など中国本土に拠点を移している。こういった動きは、国際金融センターとしての香港の競争力に、相当の打撃を与えることは必至だ。

香港問題を巡る米中対立をきっかけに、世界の資金の流れが、急速に縮小するリスクが浮上してきた点にも留意が必要だ。新型コロナウイルス問題で顕著になった「モノ」「ヒト」の停滞に続いて、世界の「カネ」の流れも縮小する懸念が生じているのである。

それは、米中貿易摩擦とは比べものにならないほどの大きな衝撃を、世界の金融市場と経済に与える可能性を秘めているのかもしれない。この問題は、香港という一都市の問題には、到底収まりきらないのである。

ドル調達の制限をちらつかせた米国

香港情勢を巡る米国の制裁措置に関連して、中国を最も強く刺激したのが、米国が中国、香港の金融機関に対してドルの調達の制限をちらつかせたことだ。これは米国にとって、対中国の「最終兵器」ともいえる秘策であり、一方中国にとっては最大の弱みをつかれることになる。

香港ではカレンシーボード制という通貨制度がとられている。これは、自国通貨（香港ドル）の発行額を外貨準備の米ドルの保有額を超えない水準に制限し、米ドルに100％交換できることを保証した上で、香港ドルを米ドルにペグ（連動）させる制度である。香港ドルを発行するのは、中央銀行ではなく、HSBC（香港上海銀行）、スタンダードチャータード銀行（渣打銀行）、中国銀行（香港）の3つの銀行だ。これらの銀行は、香港ドルを発行する際に相応額の米ドルを預託する必要がある。

ところが、HSBCなどの3つの銀行が米国の制裁対象に指定され、ドルの調達に支障が生じれば、米ドルによる香港ドルの価値の裏付けが揺らいで、香港の通貨制度が不安定になる可能性が生じる。そうなれば、国際決済業務が滞り、中国の経済活動が甚大な被害を受けるだろう。

トランプ前政権内では、HSBCが国家安全法を支持する文書に署名したため、そのドル調達を制限する措置が一時検討されたと報じられたことがあった。この時、米国には、以上のような香港の通貨制度を利用して、香港、あるいは中国政府を揺さぶる狙いがあったのだろう。

署名する以前、HSBCは、「国家安全法に明確な支持を表明していない」と香港の親中派や中国国営メディアから強く批判されていた。現在はロンドンに本社を置くHSBC

だが、１８６５年の創業以来、中国と密接なビジネス関係を続けてきた。２０１９年には香港で１２０・５億ドル、その他アジア地域で64・２億ドルの利益を挙げる一方、欧州地域では46・５億ドルの損失を計上している。こうしたビジネス環境のもとでは、国家安全法の支持を中国側から迫られたＨＳＢＣがそれを拒むことは難しかっただろう。

中国が震撼した米国の強い「脅し」

その後、米国政府は、香港自治法に基づき、香港政府トップの林《りん》鄭《てい》月《げつ》娥《が》行政長官ら10人を、香港の自治侵害に関与したとして制裁対象に指定した。彼らと相応の取引がある金融機関の指定は、その時点では見送ったが、米国政府は「いつでも中国の銀行に金融制裁を実施してドルの調達を制限することができるぞ」という強い脅しを中国に送ったと言える。それによって高まった中国側の想像を絶するほどの危機感が、デジタル人民元発行に向けた準備を加速させている面があるのではないか。

中国政府がドルの調達を制限されることを、そこまで強く警戒するのはいったいなぜなのか？　次の節で詳しく見ていこう。

第2節

ドル依存度の高さが中国経済のアキレス腱

新型コロナウイルスでドル調達問題が急浮上

新型コロナウイルスの感染拡大をきっかけに、２０２０年3月には世界の金融市場が大きく動揺した。この頃、金融市場で顕著だった現象が、ドル需要の高まり、その結果としてのドル調達コストの上昇だった。

ドル需要の高まりは、自然災害が発生した後、人々が慌てて銀行から現金を引き出して手元に置こうとするのに似ている。事実上の基軸通貨であるドルは、世界中の貿易、金融取引で広く使われている。それが確保できなくなると、ドル建ての借金の返済ができなくなり、債務不履行に陥ってしまう可能性も出てくる。そのため、金融情勢が不安定になると、金融機関は慌ててドルの確保に動くのである。金融市場のストレス（緊張）が強いドル需要を生むのは、ドルへの強い信認の表れという側面もある。

特に国際貿易においてドル建てでの決済比率が高い新興国・途上国では、ドルの調達はいわば死活問題だ。仮にドルの調達に行き詰まれば、貿易活動は滞り、経済は急激に悪化してしまう。ドル依存度の高さは、新興国・途上国にとって大きな弱点なのである。

世界中で利用されるドルは流動性と安定性が高く、常に低コストで他の通貨と交換できる。そのため、ドル以外の２つの通貨、例えば、中国とロシアの間の貿易の決済で、人民元とロシアルーブルを交換する場合でも、人民元をまずドルに交換し、そのドルをルーブルに換えるという取引が行われる。ドルが仲介通貨の役割を果たしているのである。その結果、ドルの取引量はさらに大きくなり、その需要が一層高まることになる。

貿易におけるドル建て比率が最も高い中国

概して先進国では、自国通貨建てで貿易契約・決済が実施される傾向が強い。ただし、日本は例外的に自国通貨建て比率が低く、国際貿易におけるドル建て決済の比率が高い国の一つである。輸入に占めるドル建て契約の比率は、２０２０年下期で64・８％を占める。

通貨の信用力が低い新興国・途上国では、外貨建て、特にドル建てで貿易契約・決済が

図表 2-1　ドル建て貿易決済の比率

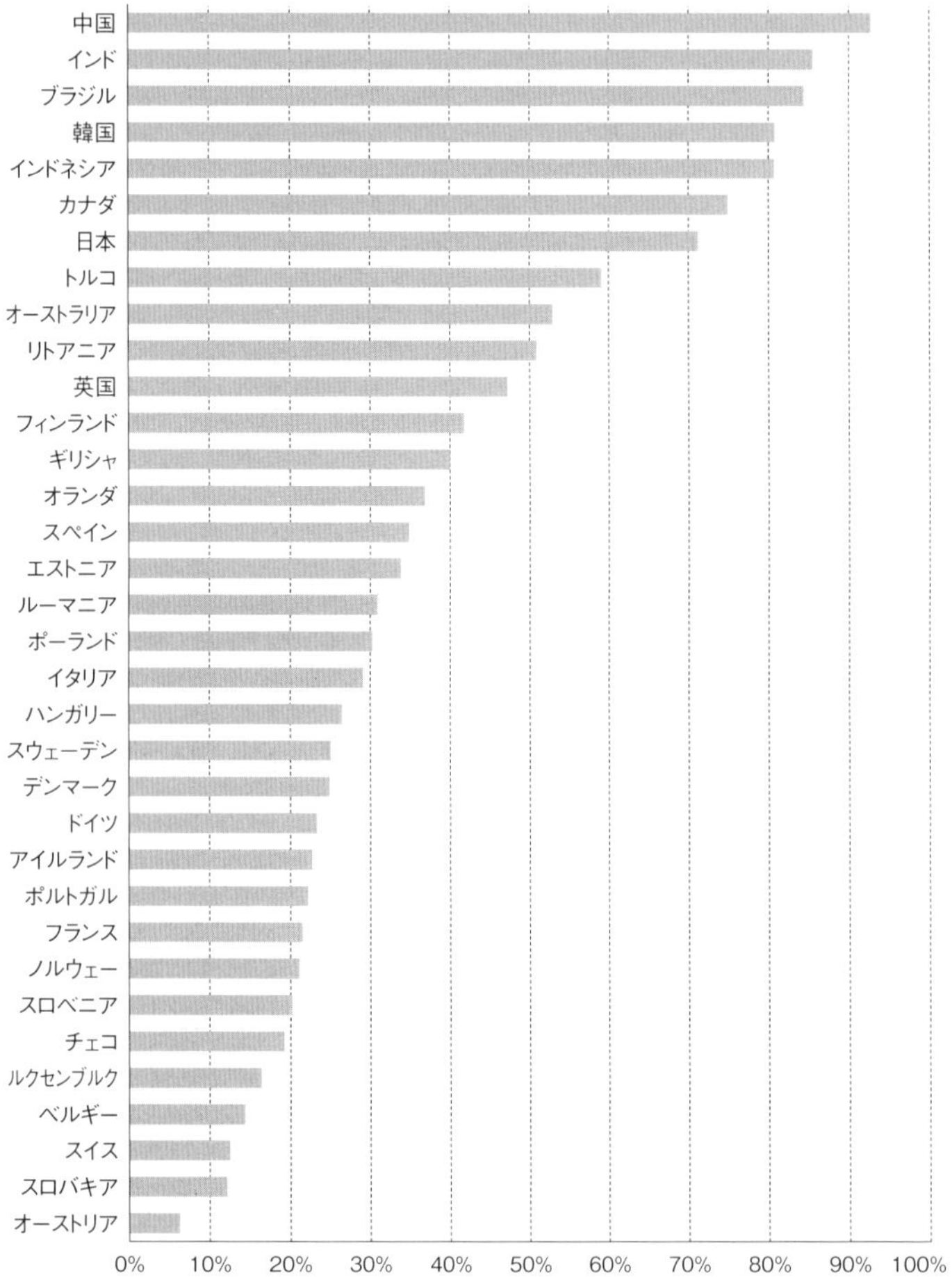

（注）輸入に占めるドル決済の比率
（出所）IMF（国際通貨基金） 2019 External Sector Report より野村総合研究所作成

なされる傾向がより強い。その筆頭が、実は中国なのである。IMF（国際通貨基金）によれば、中国の輸入に占めるドル建ての比率は92・8%と、主要国の中では最も高い（図表2－1）。

ドル調達の失敗はサプライチェーンの遮断にも

ドル建てで代金を支払う輸入業者は通常、銀行を通じてドルを調達する。しかし、金融市場が混乱して銀行が十分なドルの調達を行えなくなることが予想されると、輸入業者は輸入を一時的に見合わせる。ドルでの支払いができなくなるリスクに備えるためだ。

その際、重要な原材料の輸入が止まると、国内の生産活動に甚大な悪影響が及ぶ。これがリーマンショック（グローバル金融危機）の時、その震源地でないにもかかわらず、主要国の中で日本経済が最も悪化してしまった背景である。日本以上に貿易でのドル依存度が高い中国でも、同様のことが起こりうる。

また、グローバル・サプライチェーン（国際供給連鎖、供給網）が高度に発達したもとでは、こうしたドル調達の困難が、国境を越えて生産活動を大きく阻害することになる。例えば、中国がある製品に必要な部品をマレーシアから輸入する場合、「マレーシアの部品会社に代金をドルで支払えなくなる」⬇「マレーシアの部品会社が、インドネシアからの原材料輸入の代金に充てる予定のドルの調達ができなくなる」⬇「インドネシアからの原材料輸入を止める」といった連鎖が起こるのである。

このように、ドルの調達が困難になれば、グローバル・サプライチェーンを川上へと遡る形で各国での生産活動に甚大な打撃が及ぶだろう。現在のようなドル一極集中の通貨システムのもとでは、ドル調達が難しくなれば、世界中でグローバル・サプライチェーンが遮断される事態に陥るのである。

金融市場でくすぶるドル調達問題

２０２０年3月に生じた急激なドル需要の高まり、そしてドルの調達コストの上昇は、その後、次第に沈静化していった。それは各国中央銀行、とりわけＦＲＢ（米連邦準備制度理事会）の積極対応によるところが大きい。

従来ＦＲＢは、カナダ中銀、ＥＣＢ（欧州中央銀行）、ＢＯＥ（イングランド銀行）、日銀、スイス中銀の主要5中銀と常設的な通貨スワップ協定を締結し、ドル資金を供給してきた。２０２０年3月には、この協定に基づいて各国中央銀行が民間銀行にドル資金を供給するドル資金供給オペレーション（ドル供給オペ）に関して、従来の1週間物に3か月物を新たに追加。その後オペの頻度を1週間物については週1回から毎日へと変更した。また、スワップ協定に基づくドル供給先にブラジルや韓国など9中銀を加え、対象を14中銀にまで広げたのである。

さらに3月末には、ＦＲＢが米国債を担保にドル資金を貸し出すレポ取引の対象に、ニューヨーク連銀に口座を持つ２００以上の中央銀行や国際機関などを加える措置を決めた。これは、新興国の中央銀行によるドルの調達を助けることで、金融市場の混乱や民間金融機関のドル建て債務でのデフォルト（返済不能）が生じる事態を回避するのが狙いであった。

新興国ではドル建て国債がデフォルトに陥る可能性が高まっていたが、こうしたＦＲＢのドル供給策がそのリスクを低下させた。外貨準備の不足等から国家が対外債務の返済に滞ってしまう、いわゆる国際流動性危機を回避するのは本来、ＩＭＦの役割であるが、その一部をＦＲＢが担ったのである。ＦＲＢはドルの最後の貸し手という機能を通じて、事実上の「世界の中央銀行」として振る舞ったとも言えるだろう。

ＦＲＢのドル供給の拡大策によって、世界の金融市場でのドル逼迫はほどなくして緩和した。しかし、今後も、欧米での社債、証券化商品市場の混乱や金融機関の破綻リスクなどが浮上すれば、金融市場の緊張が高まり、それによって再び世界的ドルの逼迫が起こる可能性は常に残されている。

中国が強く警戒する米国のドル調達規制

どの国よりも輸入におけるドル建て比率が高い中国は、自国の銀行がドル調達を円滑に行えているかに、常に大きな関心を払わざるを得ない。

ドル調達の問題が生じるのは、リーマンショックや新型コロナウイルス問題などをきっかけに金融市場が混乱する時ばかりではない。それ以上に中国が恐れているのは、ドルの調達が米国政府によって人為的に妨げられるケースだ。そして中国がそのリスクをにわかに強く意識せざるを得なくなったのが、前節で述べた香港問題であった。「国家安全法」への報復として米国が成立させた「香港自治法」には、制裁措置の一つとしてドル調達の規制が含まれている。

もちろん、米国が中国の銀行のドル調達を一気に停止させることは、近い将来には考えにくい。その結果、中国経済が大きく失速してしまえば、米国経済にも大きな打撃が及ぶからだ。

図表2-2　**中国と米国のGDP規模の比較**

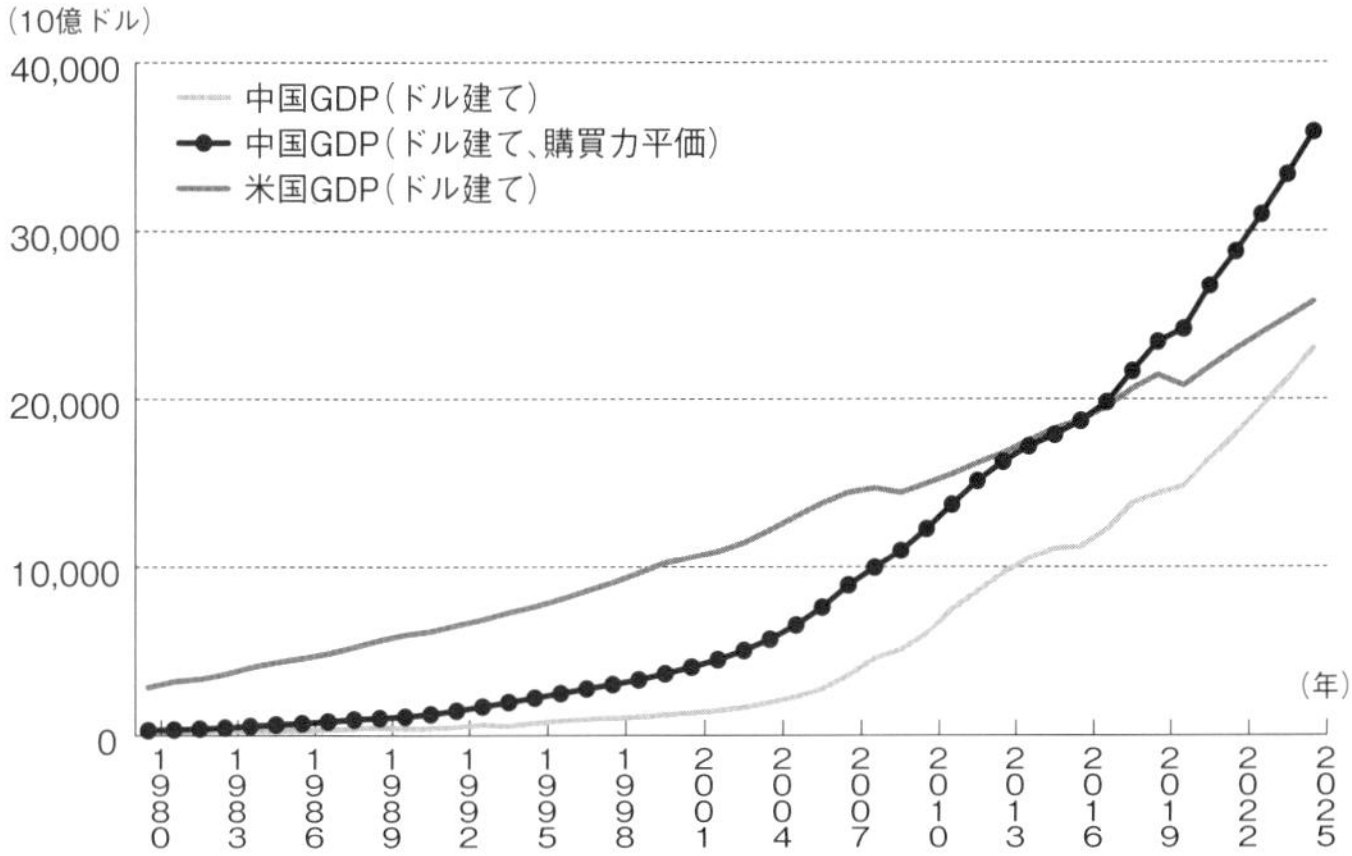

（出所）IMF（国際通貨基金）, World Economic Outlook, October 2020より野村総合研究所作成

しかし、米国政府は米国と中国との間のサプライチェーンを遮断し、両国経済の関係を弱めるデカップリング（分離）を確実に進めている。それが相当に進行した後であれば米国政府がドル調達規制を実施する可能性は否定できなくなるのではないか。それは、中国政府にとって非常に大きな脅威なのである。

米国がそのようなことができるのは、世界の金融・通貨の覇権を一手に握っているためだ。

中国の貿易規模は、既に米国を上回って世界一である。また経済規模、つまりＧＤＰで見ても、ＩＭＦの２０２５年までの予想値を踏まえると、２０３０年までには中国が米国を上回る見通しとなる（図表２－

2）。為替レートを両国の貿易財の国際競争力の変化で調整した購買力平価で見ると、2017年に、既に中国のGDPは米国を上回っている。経済面で見れば、中国は米国と並び立つ2大大国の地位を既に確立している。

ところが、ひとたび通貨、金融分野に目を転じると、中国は米国に大きく後れをとっているのだ。これが、この先も続く米国との覇権争いで中国の大きな弱点、アキレス腱となっている。

中国にとって、それは必ず克服しなければならない課題だ。米国の通貨・金融覇権を突き崩すことが、中国が生き残っていくために欠かせないのである。ここに、中国がデジタル人民元の発行を急ぐ最大の動機がある。

第3節

米国が握るグローバル金融覇権

世界の資金の流れを支配する米国

繰り返すが、中国のデジタル人民元発行の最大の狙いは、米国の通貨・金融分野での覇権に対抗し、そこに風穴を開けることだと考えられる。一帯一路周辺国など中国との政治・経済関係が比較的密接な国々との貿易取引を、次第に人民元建てへと置き換えていき、「人民元の国際化」を進めるための起爆剤にしたいのではないか。貿易などで人民元がより多く利用されるようになれば、国際決済通貨として圧倒的な影響力を持つドルの牙城を、いずれは崩せるかもしれない。

ただし、人民元の国際化は、単なる国の威信をかけた目標にとどまらない。中国にとってそれはまさに死活問題であり、迅速な進展が強く求められているのである。

世界では国境を越えた資金決済の約４割はドルで行われている。例えば、ロシア企業が中国企業から通信機器を購入し、代金を人民元で支払う場合でも、ルーブルと人民元が直接交換されるのではない。ドルが仲介通貨となり、「ルーブル➡ドル➡人民元」となることが多い。概してその方が、ルーブルと人民元とを直接交換するよりも手数料が安いのだ。そのため、ロシア企業と中国企業との間の貿易決済ではあっても、米銀が関与することになる。また、国際間のドル決済の大半にＳＷＩＦＴ（国際銀行間通信協会）のネットワークが用いられる。結果、米銀あるいはＳＷＩＦＴを通じて米国当局は、世界の資金決済や資金の流れに関する相当部分の情報を握れると言われている。これは中国にとって、非常に大きな脅威なのである。

米国は経済・金融制裁にＳＷＩＦＴを活用

ＳＷＩＦＴは銀行間の国際金融取引に利用されるネットワーク等を提供する組織で、ベルギーに本部がある。ここには２００以上の国や地域の金融機関１万１０００社以上が参加しており、そのネットワークを経由しないと送金情報を伝えられず、事実上、国際送金ができない仕組みとなっているのだ（図表２－３）。その決済額は１日当たりおよそ５兆

図表2-3　SWIFT（国際銀行間通信協会）を通じた
国際銀行送金の流れ

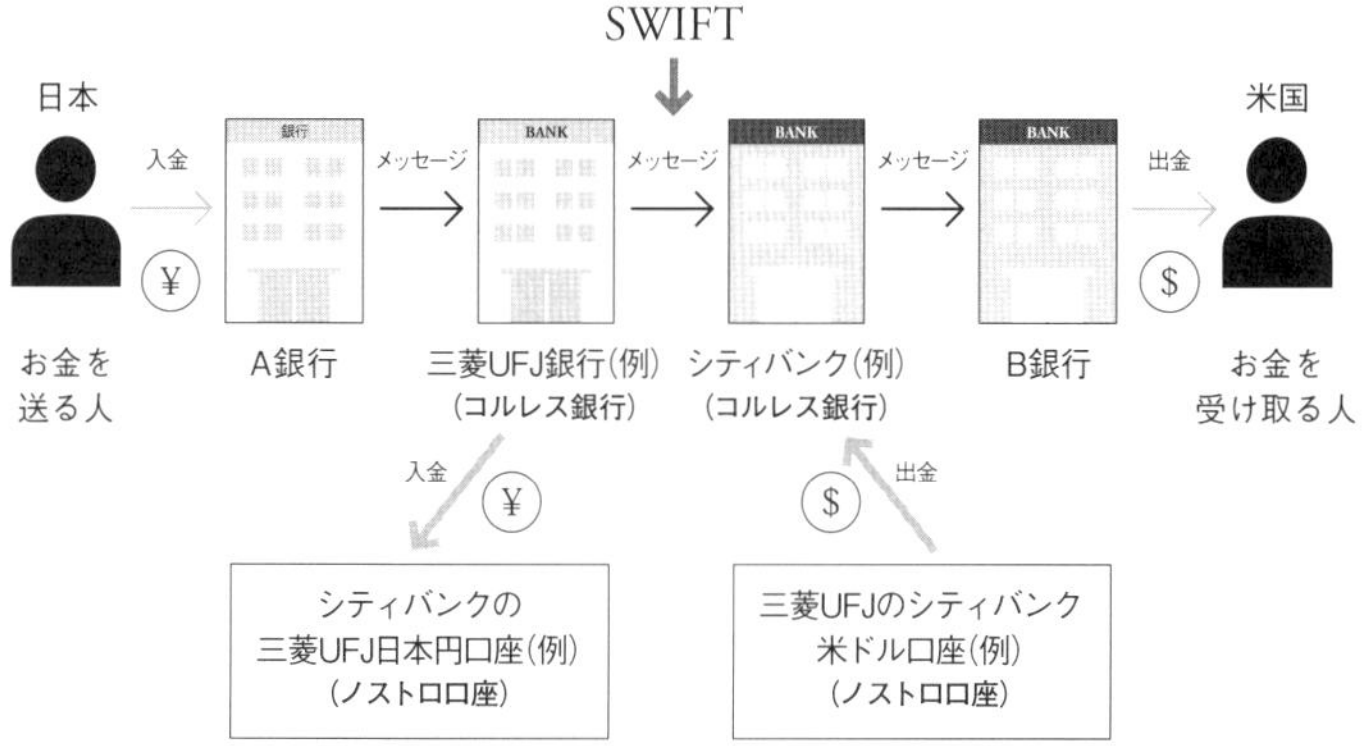

（出所）各種資料より野村総合研究所作成

〜６兆ドル（約５５０兆〜６６０兆円）に上るとされる。

　中国を含め、米国と対立する多くの国々にとって大きな脅威であるのは、米国がテロ支援国家に対する経済制裁の実効性を高めるため、しばしばこのＳＷＩＦＴを利用するということだ。例えば、米国の経済制裁の対象となった国で、企業が制裁逃れを図り、密かに海外企業と貿易を行おうとしても、その国の銀行がＳＷＩＦＴのネットワークから外されれば、資金決済ができないため貿易は難しくなる。

　また、米国によってＳＷＩＦＴのネットワークが利用できなくなることを恐れて、米国の経済制裁対象国以外の国の企業や銀行も、経済制裁に協力せざるを得なくなり、それが米国の経済制裁の実効性を高めるという側面もあるだろう。

ＳＷＩＦＴ自身も恐れる米国の制裁

最近の米国による経済・金融制裁の実例には、イランがある。イランは２０１２年にも米欧から制裁を受けたが、その際、イランの銀行はＳＷＩＦＴから排除された。その後、２０１５年7月に成立したイランと米欧6か国との核合意では、イランが核開発を大幅に制限する見返りに、米欧が金融制裁や原油取引制限などの制裁を緩和することが決まったのである。

ところが米国のトランプ前政権は、２０１８年5月にイラン核合意から離脱し、イランへの経済制裁を再び強化。当時のムニューシン米財務長官は、ＳＷＩＦＴに対してイランの銀行を再び排除するよう要求した。米国が、イランへの資金の抜け道を塞いでミサイル開発やテロ支援の資金を断ち、同国への経済制裁の効果を高めることを狙ったのだ。

同年11月、ＳＷＩＦＴは複数のイランの銀行をその国際送金網から遮断すると発表した。トランプ政権がイランに対する経済制裁を再発動した、まさにその日のことだった。

ＳＷＩＦＴは声明で、世界の金融システムの安定性と統合性の利益を守るための措置とだけ説明したが、トランプ政権からの強い圧力に屈したことは、誰の目にも明らかだった。

ＳＷＩＦＴは、仮に米国政府の要請を拒んだ場合に、自らも米国の制裁対象となることを強く恐れていると言われている。それほどまでに、米国はＳＷＩＦＴ、そして国際決済システムを牛耳っているのである。

米国の覇権を脅かすグローバル・デジタル通貨の拡大

しかし、こうした米国の立場が今後も安泰かというと、そうとも言いきれない。

２０１８年当時、トランプ政権はイランへの経済制裁を強化するとともに、欧州など他国にも経済制裁強化を呼びかけたが、制裁緩和を含んだイラン核合意にとどまる欧州諸国は、欧州企業に対してイランとの貿易継続を促そうとした。しかし、米国によってＳＷＩＦＴのネットワークから排除されるのを警戒する欧州の銀行や企業は、米国の制裁強化をしぶしぶ受け入れざるを得なかった。このことがきっかけとなり、欧州諸国の政府の間でも米国への反発が高まり、一時、ＳＷＩＦＴとは異なる国際決済システムの構築を模索する動きが見られたのである。イランと欧州の中央銀行間に直接のリンクを創設してユーロを行き来させ、イランの国際決済を助ける案が議論されたという。またドイツの外相は、米国が牛耳るＳＷＩＦＴにとって代わる「欧州版ＳＷＩＦＴ」を創設する考えを示していた。

このように米国に敵対して金融制裁を受けるリスクがある国々や中国だけではなく、欧州諸国もまた、米国がＳＷＩＦＴを利用して国際金融取引の情報をほぼ独占し、実効性の高い経済・金融制裁を他国に科している状況を問題視し始めているのである。

ＥＣＢが中銀デジタル通貨、いわゆるデジタルユーロの議論を始めた背景には、フェイスブックが主導するデジタル通貨のリブラやデジタル人民元に対抗するためばかりでなく、米国の通貨覇権、そして国際決済での覇権を崩す思惑もあると見られる。

米国にとっては、リブラも中銀デジタル通貨も、米国の国際決済での覇権を揺るがし、ひいては安全保障上の戦略にも狂いを生じさせかねない大きな脅威である。しかし、それに対抗するために米国が自ら中銀デジタル通貨、いわゆるデジタルドルを発行すれば、それ自身が国際決済を支配する米国の立場を危うくし、自分の首を絞めてしまう可能性もある。

米国当局が頑なに中銀デジタル通貨の発行を否定する背景には、こうした理由もあるはずだ。この点については、第５章で改めて詳しく見ていきたい。

第4節

米国に対抗して独自の国際決済制度を構築

中国はＳＷＩＦＴを通じた米国の介入を強く警戒

前節の通り、ＳＷＩＦＴから制裁対象国の銀行を排除し、その国と海外との貿易を遮断するのは、米国がテロ支援国家への経済制裁の実効性を高めるための、いわば常とう手段である。米国が中国をテロ支援国家に指定することはないだろうが、２０１５年に成立した米国の大統領貿易促進権限（ＴＰＡ）法では、「為替操作国と認定された国に対して、貿易戦や金融戦を仕掛ける権限が米国政府に付与された」との解釈もある。この法解釈に基づけば、米大統領の判断で中国を為替操作国と認定することで、将来、テロ支援国でなくても中国の銀行を米国の経済・金融市場やＳＷＩＦＴから締め出すことが可能だ。

２０２０年に香港問題を巡って米中の対立が強まった際には、米国議会の中で「中国の銀行をＳＷＩＦＴから外すべき」との声が上がっていた。

実際には、そうした措置は国際社会の理解を得られない上に、米国経済にとっても甚大な打撃となるため、米国がすぐにそうした措置を講じるとは考えにくい。

しかしそれは、米国政府が「中国の保有する米国財務省証券を無効にする」といった措置と並んで、可能性は低いものの実施されれば深刻な被害をもたらす、いわばテールリスクとしては決して無視できないものだ。

トランプ前政権に続いてバイデン政権も、米国経済の中国離れを志向しているように見える。両国のデカップリング（分離）が一定程度進めば、米国としてはいわば最終兵器として、中国の銀行をＳＷＩＦＴから外す措置を検討しないという保証はなくなる。

米国からの支配を脱する武器となるのがデジタル人民元

仮に将来、中国が米国の経済制裁の対象となり、中国の銀行がＳＷＩＦＴから外されれば、ドル建ての決済比率が高い中国は、海外との貿易が成り立たなくなり、壊滅的な打撃を受けることになる。

こうした事態に備えるには、第１に貿易などの取引で人民元建て契約を広げていくこと、第２に国際銀行送金以外の手段で国際決済を行うことの２点が必要となる。そして、その双方に資するのがデジタル人民元なのである。

使い勝手の良いデジタル人民元を海外で広めれば、人民元建ての貿易が広がるなど、人民元の国際化が後押しされるだろう。後に見るように、中国は人民元建ての独自の銀行国際決済システムを持っており、人民元建てであれば、ＳＷＩＦＴを利用せずにすむ。その場合、米国に送金の情報を握られることはなく、また、米国による経済制裁の実効性を低下させられる。

さらに、デジタル人民元の移転はネット上で行われるため、その国際決済は、国際銀行送金ではなくなる。米国が牛耳るＳＷＩＦＴの銀行国際送金ネットワークとはまさに無縁の存在となるのである。

中国独自の国際銀行決済システム「ＣＩＰＳ」

デジタル人民元による決済でなくても、中国の貿易決済において人民元建ての比率が高まれば、ドル決済中心のＳＷＩＦＴではない別の国際銀行決済システムを使うことで、米国の支配から逃れられる。そして、中国は既に、そうしたシステムを自ら作っているのだ。

それが、２０１５年に中国が導入したＣＩＰＳ（国際銀行間決済システム）である。２０２０年７月末時点で97の国・地域の金融機関が参加しており、中国を含めてアジアの金融機関が、全体の７割を占めている。[11]

また、ロシアなど、米国に敵対し、米国からの経済制裁を恐れる国も多く参加している。反米の国際銀行間システムとして、ＣＩＰＳはその存在感を高めてきているのである。

しかし、その決済額は２０１９年時点で、１日当たり１３５７億元（１９４億ドル）である。これは、ＳＷＩＦＴの１日当たりの決済額である５兆〜６兆ドルと比べてまだかなり小さい。国際決済において米国の影響力から脱するという中国政府の取り組みは、まだまだ緒についたばかりである。

だからこそ、米国の金融覇権を脱するためには、ＣＩＰＳによる決済拡大と並行して、デジタル人民元の海外での利用拡大を進めることがどうしても必要となる。しばらくは、この２つの手段を両輪として、中国は米国の金融覇権に挑戦していくことになるだろう。

第5節

人民元はドルを超えられるか

リーマンショックが人民元国際化戦略の起点に

中国が人民元の国際化を強く意識し始めたきっかけは、２００８年のリーマンショックとされる。その頃は、米中関係は今ほど悪化しておらず、人民元の国際化を進めようとする理由は、米国の金融覇権から脱するためではない。それは、純粋に経済的な利益の追求だった。

海外との貿易や証券取引等がドル建てで行われていると、国あるいは中央銀行は、ドル調達に支障が生じた場合に備えてドルを手厚く保有しておく必要が生じる。そうなると、自国通貨、中国の場合には人民元に対してドルの価値が下落した時、大きな評価損が発生してしまう。

その点、貿易などの取引で人民元建てが広がれば、外貨準備としてのドルの保有を減らすことができ、評価損のリスクを下げられる。

リーマンショックで米国の金融機関の経営が揺らぎ、金融システム不安が浮上する中で、中国はドル安進行によって外貨準備に損失が生じるリスクを強く意識し始めたのである。

２０１９年7月に中国国家外貨管理局は、２０１８年度年報の中で外貨準備の通貨構成を初めて明らかにした。１９９５年には79％だったドルの比率は、２０１４年には58％まで低下していた。他方、ドル以外の通貨の比率は21％から42％にまで上昇した。この間、中国は保有通貨の分散化、ドル離れを進めたのである。

中国の貿易に占めるドル建ての比率は、輸出入ともに9割を超えていることを踏まえると、外貨準備に占めるドルの構成比率はかなり小さいという印象だ。経常黒字のもと、外貨準備額全体を大幅に積み上げてきた結果、十分なドルの保有を維持しつつ、その構成比を徐々に低下させられたという面があるのだろう。

また、中国は外貨準備の中で、ドル以外の通貨だけでなく金の保有も拡大させている。中国の金準備は、２００５年から２０１８年末までの間に、６００トンから１８５２トンへと3倍に増えた。２０２０年11月末時点での中国の金保有量は１９４８・３トンで、外貨準備に占める金の割合は3・3%となっている。世界の中央銀行・公的機関による金保有量のうち中国が占める割合は5・54%で、世界第6位である。

長年の悲願であるSDR入りを果たす

このように、中国はドル安による外貨準備の評価損リスクを減らすため、外貨準備に占めるドルの保有比率を大幅に低下させてきた。外貨準備においては、既にドル離れがかなり進んだのである。

しかしそれでもなお、中国は人民元国際化のさらなる進展を目指し続けた。人民元建ての貿易取引や資金調達が増えれば、企業は外貨調達に要するコストが減らせる上、為替変動リスクも負わなくてすむといった経済的なメリットがあるからだ。

さらに米国のように事実上の基軸通貨国の地位を獲得できれば、海外への支払いの多くを自国通貨ですませられるため、借金返済に行き詰まってデフォルト(返済不能)を起こすリスクも相当低下する。まさに「とてつもない特権」を手にできるのである。

人民元の国際化のこうしたメリットに加えて、その後は米国との対立の構図が強まっていく中で、将来、ドルの調達やドルによる国際決済が米国によって制約を受ける事態を想定して、米国の金融支配を脱する目的から、人民元の国際化が急務であると中国は考えるようになっていったのである。

中国の人民元の国際化戦略で大きな前進となったのが、２０１６年10月に、ＩＭＦが人民元をＳＤＲ（Special Drawing Rights／特別引き出し権）に加えると決めたことだ。これは中国にとってはまさに長年の悲願だったと言えるだろう。

ＳＤＲは、ＩＭＦの加盟国が、国際流動性危機に備えて準備する外貨を補完する手段として、１９６９年に創設された国際準備資産である。出資比率に従って加盟国に配分され、必要に応じてＳＤＲ構成通貨として引き出すことができる。

ドル、ユーロ、英ポンド、日本円で構成されていたこのＳＤＲに、人民元が新たに加わったことは、その実質的な経済効果よりも、「国際通貨の仲間入り」という象徴的な意味の方が圧倒的に大きい。ＳＤＲの新たな構成比では、人民元は10・92％と日本円の８・33％、英ポンドの８・09％を上回り、一気にドル、ユーロに次ぐ第３の国際通貨の地位を得たのである。

人民元の国際化を阻む要因

図表2-4 **主要通貨別構成比**

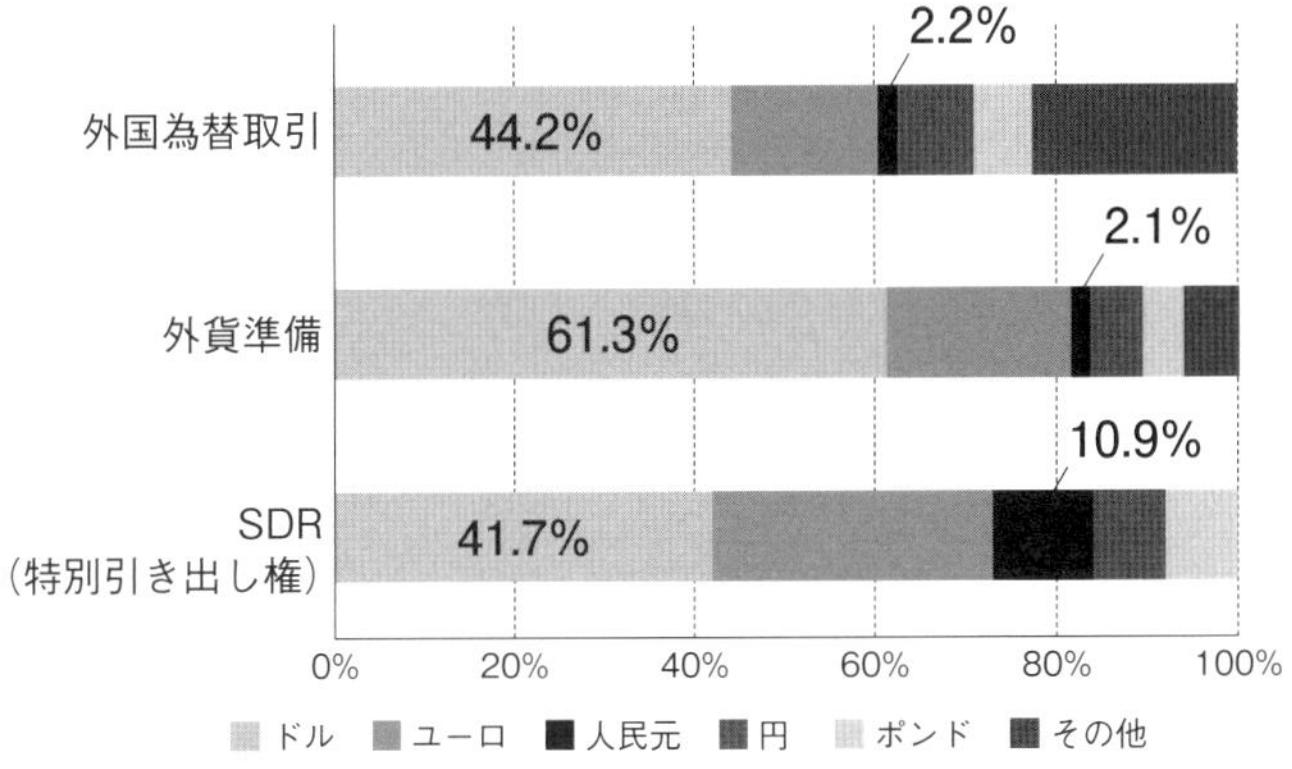

（注）外貨準備は2020年4—6月期、外国為替取引は2019年9月、SDRは最新の数値
（出所）IMF（国際通貨基金）、BIS（国際決済銀行）資料より野村総合研究所作成

しかし、SDRの構成通貨の地位を得たからといって、人民元の国際化が急に進む訳ではない。国の経済規模なども考慮されるSDRにおいて、人民元の構成比は2桁に達したが、外国為替取引に占める人民元の比率は2019年9月時点で2・2%、各国の外貨準備に占める比率は2020年4－6月期でわずか2・1%に過ぎない（図表2－4）。ドルとの間には、依然として簡単には埋められない大きな差があるのだ。

輸出入の契約や決済をどの通貨とするかは、通常、交渉力が強い国の通貨建てで決まる傾向があるが、その交渉力に大きく影響するのは経済力だ。貿易規模で言えば既に中国は世界一であり、この点からは、貿易の人民元建て契約・決済比率がもっと高まっても良いように思える。

では、人民元の国際化を阻んでいる最大の要因は何かというと、その交換可能性（convertibility）の問題にあると考えられている。いつでも支障なく自国通貨やドルなどと交換できなければ、海外企業は中国向けの輸出代金を人民元で受け取りたくないだろう。また、人民元建ての輸入代金を支払うために人民元を調達し、手元に持っておくことに抵抗が生じる。

中国では、国際的な金融取引でなお多くの資本規制を残している。さらに、完全に市場でその価値が決まるドル、ユーロ、円、ポンドとは違い、人民元の場合、中国人民銀行が市場に介入する「管理変動相場制」が採用されている。中国人民銀行が毎日基準レートを公表し、一日の人民元の変動は、上下２％の範囲内に制限されている。

このように、政府の政策によって為替取引が制限され、また為替レートが操作されることが、人民元の信頼性を損ねていると言えるだろう。

２０１５年の通貨切り下げが人民元国際化の逆風に

中国政府も、こうした規制が人民元の国際化の妨げとなっていることを十分に理解し、規制緩和を進めてきた。

しかし、そうした流れに水を差したのが、２０１５年の人民元切り下げによる世界規模での金融市場の動揺であった。同年８月11日に中国人民銀行は、人民元売買の基準となる対ドルの基準レートの算出方法を変更すると突然発表した。「人民元の基準値と市場の為替レートとの乖離が大きくなっており、基準値の地位や権威に悪影響を及ぼしていた」というのが、人民銀行が説明した変更理由であった。その後３日間で、基準レートは５％弱切り下げられたのである。

この措置は、後に「ＳＤＲ構成通貨入りの条件としてＩＭＦから示された、為替市場の自由化に向けた改革の一環だった」との見方もされたが、少なくとも当初は、輸出刺激を狙った通貨切り下げ策、いわゆる「近隣窮乏化政策（自国経済の改善のために他国経済に犠牲を強いる経済政策）」と海外では広く受け止められた。

その結果、当局の操作によって為替市場が歪められるとの観測から、人民元に対する市場の信頼性は大きく損なわれた。人民元安が進み、中国から海外への資本逃避が加速。国内金融市場の混乱へと繋がったため、中国当局は、内外での資金の流れを制限する資本規制を一気に強化せざるを得なくなったのだ。

このような通貨切り下げによる混乱により、中国の資本規制の緩和、為替市場の自由化の流れは大きく水を差され、人民元の国際化戦略は壁にぶち当たってしまったのである。

基軸通貨の条件は何か

一方、米国はなぜ（事実上の）基軸通貨国になれたのだろうか。このことは、人民元の将来を考える上でとても重要な点だ。やや詳しく見ておこう。

　第２次世界大戦末期の１９４４年に米国のドルを基軸とした固定為替相場制が各国で合意され、１９４５年に開始された。米国がドルと金との兌換《だかん》を約束するとともに、国の通貨の交換比率（為替相場）を一定に保つ仕組みである。世界の金融市場の安定確保を狙ったこの制度は、ブレトンウッズ体制と呼ばれた。これは、ドルが正式に基軸通貨になったことを意味したのである。

　しかし、１９７１年に、ニクソン大統領は金とドルの交換を停止した（ニクソン・ショック）。さらに１９７３年に先進国が相次いで変動相場制に切り替えていったことで、ブレトンウッズ体制は崩壊する。ドルが正式に基軸通貨の座にいた時期は、比較的短かったのである。

　ところが、その後もドルは今日に至るまで、国際金融取引の中で「事実上の基軸通貨」

の地位を維持している。一国の通貨が基軸通貨、あるいは事実上の基軸通貨となるための条件とは、いったい何だろう。

既にここまで述べてきたように、自由な取引のもとで交換性が確保されていることに加えて、その国の経済・貿易の規模、国内金融市場の規模、信頼性の高い中央銀行の存在、強い軍事力の保有などの要件が挙げられる。

基軸通貨として世界中の金融取引で用いられるようになると、当然、その通貨に対する需要は高まる。基軸通貨国がその需要に応えきれないと、通貨の価値が過度に高まり、世界的にデフレ圧力がかかってしまう。

そこで基軸通貨国は、世界が必要とする基軸通貨を積極的に供給しなければならないが、それは、海外への資金流出を意味する経常赤字を抱えることで実現される傾向がある。かつての基軸通貨国であった英国も、現在の米国もそうである。

ところが、経常赤字を通じて海外へのドルの供給を拡大し続けていると、ドルの需給が悪化し、ドルの価値が下落、あるいはその信頼性が低下してしまうリスクが高まるのである。これは、米国の金融市場を不安定にし、また世界経済の発展にも障害となってしまう。

以上のように、一国の通貨を基軸通貨とする制度のもとでは、基軸通貨の流動性向上とその信認の維持の両立が難しい。これは「トリフィンの（流動性）ディレンマ」と呼ばれる。ポンドが基軸通貨の座を降り、またドルも正式な基軸通貨の座を短期間しか維持できなかったのは、こうした矛盾によるものだと言える。

しかしながら、そうした矛盾を抱えながらも、ドルが事実上の基軸通貨の地位を続けているのは、米国内に大きな金融市場があることが一因なのだろう。規模が大きく流動性が高く、そして高い信頼性がある金融市場があれば、経常赤字を通じて海外に供給されたドルを、再び米国に円滑に呼び込める。

その結果、一方的に通貨の価値が下落することはない。米国では、財務省証券（国債）市場が、海外からのドル還流の大きな受け皿の役割を果たしているのである。

近い将来はドルの覇権は揺るがないとの見方が大勢

経済規模の観点から長い目で見れば、国際通貨としての人民元の地位が高まり、ドルの地位は低下していく可能性は高そうだ。しかし、「すぐにでも、人民元がドルの地位を脅かし、世界の（事実上の）基軸通貨になる」と考える向きは、現時点ではかなり少数派だろう。

歴史的に見て、基軸通貨国が経済規模で世界のトップの座から滑り落ちても、慣性から、かなりの期間基軸通貨の地位は維持されるものだからだ。ドルが正式に基軸通貨の地位を得たのは第２次世界大戦後であるが、第１次世界大戦前の１９１０年には、既に米国は英国の経済規模を上回っていた[12]。それにもかかわらず、そこから、基軸通貨国の地位を正式に英国から奪うまでには、30年以上の時間を要したのである。

基軸通貨国のプレゼンスが低下してからも、世界の通貨としての利用はすぐには失われない。いわば基軸通貨国の特権も続く。基軸通貨には慣性の法則が働きやすいのである。

さらに、経済規模では大きくなっても、為替市場、国際的な資金取引に規制が残る中国は、米国から基軸通貨国の地位を奪うのは簡単ではないというのが、常識的な判断だろう。筆者も、近い将来、人民元がドルに代わって世界の基軸通貨の地位を得られるとは思っていない。

人民元はドルとは違う土俵で戦う

先進国市場で、人民元がドルと競ってその勢力を強めるのは簡単ではなく、少なくともかなりの時間がかかるだろう。しかし、非常に使い勝手の良いデジタル人民元が登場すれば、新興国の間で人民元の利用が急速に広まることは考えられるのではないか。そこには、経済外的な要素も考慮に入れて考える必要がある。

米中対立を契機に先進国市場から一部締め出されつつある中国は、一帯一路の参加国との間で貿易関係を急速に強めている。そうした地域との間では、輸出入の契約・決済に人民元の利用が広がっていくだろう。

さらに、中国が一帯一路参加国をベースに、単に経済的な結びつきにとどまらず、政治上、安全保障上のブロックを形成していく場合には、そうした国に対して、人民元の利用を半ば強制することが考えられるのではないか。中国を盟主とした連合体として、中国経済圏、人民元通貨圏を形成していくのである。結果、世界全体で見れば、人民元の利用比率が急速に高まることになる。

このように、中国は先進国市場ではなく、新興国市場で人民元の利用を拡大させ、人民元の国際化を進める狙いがあるのではないか。いわば、「米国とは異なる土俵」の上で、ドルと競争するのである。

中国の狙い通りにことが進めば、将来的に、人民元がドルにとって代わるのではなく、ドルと人民元とがそれぞれ異なる地域で主要な国際通貨として併存する世界が展望できる。

かつて存在した旧ソ連を中心に作り上げられた経済圏であるコメコン（経済相互援助会

議）体制のもとでも、「振替ルーブル」と呼ばれた通貨が域内の貿易決済に用いられていた。「振替ルーブル」はソ連のルーブルと等価とされたが、金やドル、加盟国の自国通貨との交換性もないことから、国際通貨ではなく単なる帳簿上の通貨に過ぎないとされていた。

これに対して、デジタル人民元は金、ドル、加盟国の自国通貨との交換性が確保された上で、デジタル方式で決済できる。「振替ルーブル」とは比べものにならないほど洗練された、域内共通通貨となる潜在力があるだろう。

着実に進む人民元の国際化戦略

今のところ、人民元の国際化は順調に進行しているとは言えないが、全く進んでいない訳ではない。中国人民銀行が２０２０年8月に発表した「２０２０年人民元国際化報告」では、国際決済で人民元の使用の増加が指摘されている。

同年に、銀行が顧客に代わって行った人民元による国境を越えた受払い額は、19・67兆元（約２００兆円）で、前年水準を24・１％上回った。貿易企業に対するアンケート調査によると、為替リスクを回避する目的などで、人民元建ての貿易決済を望む声が比較的大きかったという。

実際、２０１９年、中国人民銀行がトルコ中央銀行との間に2国間通貨スワップ協定を締結した後、翌年の6月には、同銀行を通じて中国からの輸入商品代金を支払った全ての企業が、人民元で決済したと発表している。通信大手トルコテレコムも、中国からの輸入商品代金を人民元で支払うとする声明を出している。これは、将来の中国経済圏内での人民元決済の姿を先取りしているのかもしれない。

また、中国は国際原油取引を人民元によって行う「ペトロユアン（石油人民元）」構想を進めている。世界的に原油の取引はドル建てが支配的だが、それに対抗して中国は、２０１８年3月、上海で人民元建ての原油先物市場を開設した。そこでは、中国石油化工（シノペック）と傘下のトレーディング会社が主に取引に参加している。さらに、イランやロシアとの間では、原油の取引を人民元建てにするように働きかけているとされる。

上海原油先物取引はまだＷＴＩ原油先物取引高の10分の1以下の規模ではあるものの、取引高は順調に増加している。

このように、新たな経済圏・貿易圏の形成と同時に、人民元の海外での利用を促し、中国のＣＩＰＳが人民元決済を担っていくというのが、比較的短期間で中国が米国の国際金融覇権を脱するための現実的な選択のように思える。

そして、人民元の国際化とドル覇権挑戦のための重要な手段と中国が位置付ける、いわゆる奥の手が、銀行システムから離れて取引されるデジタル人民元なのではないか。

デジタル人民元とＣＩＰＳが、中国が米国金融覇権に挑戦していく上での２つの重要な柱となっていくのである。

11 「中国版決済網　参加広がる」、日本経済新聞、２０２０年8月25日

12 Jutta Bolt and Jan Luiten van Zanden, "The Maddison Project; Maddison style estimates of the evolution of the world economy. A new 2020 update Maddison-Project Working Paper WP-15", October 2020
https://www.rug.nl/ggdc/historicaldevelopment/maddison/publications/wp15.pdf

第3章

米中対立から新冷戦構造へ

第1節

中国はワクチン外交で独り勝ちか

コロナショックで注目される中国モデルの優位性

中国の2020年実質成長率は+2・3%となった。これは1992年以来の低水準ではあったものの、多くの国がマイナス成長に陥る中、主要国ではおそらく唯一プラス成長を達成して、その回復の早さを世界に見せつけた。

中国は、香港、ウイグルなど人権問題では多くの国から批判を浴びているが、新型コロナウイルスの感染抑制や経済回復でどの国よりも成功している点は、新興国を中心に評価されている。経済面では国家が主導する「国家資本主義制度」、政治面では「権威主義」とも呼ばれる中国の政治・経済制度が、新型コロナウイルス問題のような有事の際には予想以上に上手く機能したとの印象を持つ新興国は少なくないだろう。

他方で、中国と激しく対立し、体制の優劣を争っている米国は、感染抑制に未だ手間取っており、経済活動においても、一部になお停滞感が残る。そうした中、国内の政治的対立を背景に、2020年後半には追加の経済対策が実施されない状況が長く続いた。さらに、同年11月の大統領選挙の正当性を巡る大きな混乱、2021年に入ってからは当時のトランプ大統領支持者による議会議事堂乱入事件など、民主主義制度の根幹を大きく揺るがす、極めて不名誉な事態が起こってしまったのである。

新型コロナウイルス問題下での米国のこうした事態は、中国にとっては絶好のチャンスでもある。一帯一路構想参加国を中心に、アジア、アフリカ、中東欧などの新興国の中で、経済、政治、そして安全保障上の中国の影響力を一気に拡大させようとするだろう。

バイデン政権は同盟国との協調強化を標榜しており、実際、先進諸国による「中国包囲網」が形成されつつある。そうした事態に対応するためにも、今こそ友好国の拡大、勢力拡大に動く好機、と中国は捉えているだろう。

中国は「ワクチン外交」を急展開

そこで実際に中国が行ったのが「ワクチン外交」である。

世界が新型コロナウイルスへの対応に苦しむ中、中国がいち早く攻勢に出たことを印象付けたのが、２０２０年春の「マスク外交」だった。中国は、各国にマスクや防護服などの医療物資を広く提供したのである。

一方中国では、科興控股生物技術（シノバック・バイオテック）と中国医薬集団（シノファーム）によって2種のワクチンが作られ、既に国内外で使われ始めている。これを、インフラ投資とセットにして大々的に海外に提供するのが「ワクチン外交」である。

２０２１年1月4日から9日にかけて、中国の王毅外相は、ナイジェリア、コンゴ民主共和国、タンザニア、ボツワナ、セーシェルなど、サハラ以南のアフリカ諸国を公式訪問し、ワクチン外交を繰り広げた。中国政府は一帯一路構想の一環として、ナイジェリアをはじめとしたアフリカ各国で、道路・鉄道・港湾などのインフラ事業を進めてきている。

さらに王毅外相は、1月11日から16日まで、ミャンマー、インドネシア、ブルネイ、フィリピンの東南アジア4か国を歴訪し、国産ワクチンの提供や生産協力を表明して、各国との関係強化を図ったのである。

王外相はフィリピンではドゥテルテ大統領らと会談し、中国製ワクチン50万回分の提供やインフラ開発に向けた5億元の資金供与を表明した。ミャンマーでは、中国製ワクチン30万回分や医療機器の提供を申し入れた。そして、インドネシアではジョコ大統領と会談したが、その後同大統領はシノバック製のワクチンの緊急使用を許可し、ジョコ大統領自身が接種の第1号となったのである。これらのワクチンの提供は、インフラ投資を中心とする一帯一路構想の推進との抱き合わせとの印象がかなり強い。

中国のシノバック製のワクチンは、摂氏2～8度という普通の冷蔵庫で十分に保管できるという。それに対してファイザー製のワクチンは、当初の説明ではマイナス70度、モデルナ製はマイナス20度の超低温で保管する必要があるとされていた[13]。シノバック製のワクチンは、超低温環境で大量のワクチンを保管するのが難しい新興国、低所得国ではより重宝されやすいだろう。

世界の勢力図に変化を生じさせるきっかけにも

中国は今後、低所得国向けにも、このワクチン外交を大々的に展開していく可能性がある。医療体制と財政基盤が脆弱な低所得国にワクチンを普及させることは、先進国にとっても大きな課題である。それは、人道上の観点だけではない。仮に先進国で感染を抑え込んでも、低所得国で感染拡大が続けば、いずれそれが先進国にも広がる可能性がある。また、感染拡大による低所得国の経済悪化や財政破綻は、世界経済や金融市場にとっても大きな不安要因である。

そこでＷＨＯ（世界保健機関）等は、ワクチン共同購入の枠組み「コバックス（ＣＯＶＡＸ）ファシリティー」を推進している。最大20億回分のワクチンを確保して、２０２１年末までに各国へ公平に分配する計画だ。

ところが、コバックスによるワクチンの供給は、その国の人口の20％を上限としている。多くの国にワクチンを配るためには、一国毎の配給量を制限する必要があるためだ。[14] コバックスに頼るだけでは、十分なワクチンを入手することができないのである。

そこで、低所得国の間ではこの先、比較的安価で使い勝手の良い中国のワクチンに頼る傾向が強まる可能性が高いだろう。それは、中国にとっては勢力拡大のチャンスなのである。

なお、感染拡大が続く米国では、まだしばらくは国内でのワクチン接種に手一杯で、他国にワクチンを大量に提供するまでの余裕はないと思われる。つまり、当面のところは、ワクチン外交で中国の独り勝ちの状況となろう。ワクチンを武器に、比較的短期間で中国が新興国に勢力を拡大させ、将来の世界の勢力図に大きな変化を生じさせるきっかけとなる可能性もあるのではないか。

コロナ禍が日本の経済安全保障上の危機感を煽った

次に、このような中国の積極外交に危機感を強めた日本の対応を見ておこう。新型コロナウイルス問題は、「日本の経済安全保障（安全保障を目的として経済力を駆使する外交戦術）が脅かされる」との危機意識が、政府内・与党内に広がるきっかけとなった。その照準は、もっぱら中国に当てられている。

多くの国が感染抑制と経済の安定確保に奔走する中、その間隙を縫って中国が海外での勢力を広げることを、日本、そして先進国は強く警戒しているのである。中国の勢力拡大の動きは、新興国のみならず、日本など先進国にも及ぶ可能性があるためだ。

国益の観点から、日本がこのような危機感を抱くことは当然だろう。しかし、危機感に煽られて拙速な対応をすれば、むしろ国益を損ねかねないこともしっかりと認識しておく必要がある。

日本経済は自由貿易で成り立っており、その持続的成長には他国との友好関係維持が必要だ。さらに、国内で経済の閉塞感が強まる中、海外市場や海外マネーを最大限活用することこそが、経済の再生に欠かせないはずである。そうした日本が、中国への危機感を高めるあまり、過度に内向き志向を強めてしまっては、結局、国益を損ねてしまうことになる。

ところで日本は、主要国の中で最もワクチン接種の開始時期が遅れてしまった。自国でワクチンを早期に開発できなかったことが、その要因の一つである。中国への対抗以前に、自国の感染症への備えが十分でなかったことをまず経済安全保障上の大きな問題と捉え、今後の教訓とすべきだろう。

製造業の「国内回帰」に潜む落とし穴

日本は、ワクチン外交では中国に到底対抗できないが、その他の分野で、経済安全保障の観点から、対中国を意識した施策を今まで講じてきた。その一つが、「製造業の国内回帰」である。

２０２０年5月、政府は、２０２０年度第1次補正予算に生産拠点の国内回帰を促す新たな補助金制度を盛り込んだ。この補助金は、生産拠点として特定の国への依存度が高い製品や素材について、国内に工場を新設したり、新しい設備を導入したりする場合に適用される。また、生産拠点をＡＳＥＡＮ（東南アジア諸国連合）などに分散する際にも、この補助金が支払われる。

この制度が導入されたのは、コロナ禍において、それまで輸入や海外生産に頼っていたマスクや医療機器などが国内で不足したことをきっかけに、中国に集中している生産拠点の分散が必要との議論が政府・与党内に高まったからだ。例えば、自動車部品などの工場を中国からＡＳＥＡＮ諸国へと移転するようなケースも考えられる。

しかし、政府が補助金で強いインセンティブを与えることには、リスクもある。マスクや医療機器など国民の健康と生命に関わる重要な製品については、国内生産への切り替えを進めることは必要だろう。しかし、政府による補助金制度が作られたことによって、それ以外の広範囲な製品で、企業が国内回帰を過度に進めてしまう恐れもあるのだ。

そもそも、企業が積極的に海外に生産拠点を移転してきたのは、経済合理性に基づくものだ。「地産地消」と呼ばれる、市場に近い場所で製造を行うことには、輸送費の削減や人件費抑制などのメリットがある。また、10年前の東日本大震災で国内でのサプライチェーン（供給網）が遮断されたことを受け、その後自動車メーカーは、海外からの部品調達を拡大させてきたといった経緯もある。

中間財や完成品の国内回帰を無理に進めれば、それらの製造コストは高まり、最終的にそのコスト増加分は日本の消費者に転嫁されて、国民生活を圧迫してしまう。また、輸出品の国際競争力が低下し、日本経済の再生は一段と遠のいてしまうかもしれない。

国内回帰の大号令をかける前に、政府はまずその範囲を限定し、さらにその政策の主旨をもっと丁寧に国内企業に説明すべきだったのではないか。

外為法改正で高まる日本市場への不信

日本政府が次に動いたのは、外資の制限という金融面での対応だった。２０２０年6月に施行された改正外国為替法（外為法）では、安全保障上重要な日本企業の株式を外国人投資家が取得する際に必要な事前届出の基準を、従来の持ち株比率10％以上から１％以上へと変更し、規制が一段と厳しくなった。

念頭にあるのは、中国企業による日本企業の買収阻止だ。早期に新型コロナウイルスの感染抑制に成功し、経済回復を実現した中国が、日本企業を買い漁り、その結果、重要な技術や人材が流出してしまうことを警戒したのである。重要分野には、武器、航空機、宇宙関連、原子力関連、軍事転用可能な汎用品などが含まれている。

一方、改正外為法では、事前届出の免除制度を新設することで、経営権取得を意図しない、純粋な海外からの株式投資をできるだけ阻害しない措置も講じられた。一般の運用会社やヘッジファンドなど、大部分の投資家は、一定の要件を満たせば事前の届出なく投資ができ、従来の制度に比べて追加の負担は限定されたのである。

それでも経営権を巡る株主提案に対しては新たな規制が加わり、物言う株主（アクティビスト）や公的年金などの活動を萎縮させることが大いに懸念される。「企業統治改革に逆行する動き」という悪い印象を海外投資家に与えてしまったことは否めないところだ。また、実務負担の煩雑さだけでも、海外からの日本への投資を敬遠させてしまうリスクもあるだろう。

いずれにしても、海外投資家に対する丁寧な説明を欠いていたことは間違いない。そのため、この外為法改正が、日本がそれまで対外的に掲げてきた「海外からの投資を通じて企業改革や生産性向上などを図る」という方針に疑問を生じさせることとなってしまった。

日本は真の国益を考えた対応を

中国を強く意識した金融面での対応には、中銀デジタル通貨発行の議論もある。政府・与党の中では、中国で計画されているデジタル人民元の発行が日本の経済安全保障上の大きな脅威になるとの認識が広まっているのである。日本も中銀デジタル通貨を発行して、デジタル人民元に対抗すべきとの意見が急浮上している。

この議論の問題点については第5章で改めて詳細に述べるため、ここでは割愛したい。結論のみ先取りすれば、日本で中銀デジタル通貨の発行を検討するのであれば、それはデジタル人民元への対抗ではなく、日本経済の効率性向上や国民の利便性向上といった観点から議論すべきであり、またそれに資する形での設計を考える必要がある。

新型コロナウイルス問題の発生を受けて、政府・与党は、日本の経済安全保障を脅かす存在として、中国への警戒感を一気に強めている。しかし、以上で見てきたように、その対応策として打ち出してきた様々な施策は、必ずしも実効性が高くない。加えて、むしろ日本の国益を損ねてしまう面もあると言える。

危機感に突き動かされて拙速に政策を決めるのではなく、冷静な検討・議論を踏まえて、確実に日本の国益を高める施策を講じるべきであった。今回の経済安全保障上の施策は、こうした重要な教訓を日本に残したのではないか。

第2節

米中覇権争いの本質と分裂に向かう世界

市場経済化は政治体制を変えるという米国の思い込み

次に、デジタル人民元発行の背景にある現在の激しい米中対立の本質を理解するために、歴史を遡って考えてみよう。

「国家資本主義」とも表現される異質な制度のもとにある中国経済を、先進国が主導してきた世界経済の枠組みにいかに取り込んでいくか、米国政府はこの点に長らく腐心してきた。それによって、中国の変革を促していこうというのが、米国の基本戦略だった。先進国経済へのアクセスが強化されて市場経済化が進めば、中国の政治体制も権威主義的なものから民主主義的なものへと転換し、先進国側に同化していくと考えていたのである。

そうした思惑のもと、米国は2001年に中国のWTO（世界貿易機関）加盟を認めた。

これをきっかけに、中国沿海部へ海外企業の進出が加速していく。海外企業が主導する生産の拡大は、中国に輸出主導型の高成長の持続をもたらし、中国は「世界の工場」の地位を確立したのである。また、中国に進出した海外企業から技術を吸収し、中国企業の技術力も高まっていった。

ところが、市場経済化が進む中でも、中国の政治体制は一向に揺るがなかった。１９８９年の天安門事件に繋がったような、激しい民主化運動が再び生じることもなかったのである。

トランプ前政権は、第２次世界大戦後の日本、韓国、台湾などを例に出し、「米国が経済支援をして市場経済化が進み、経済発展を遂げた国では、みな民主化が進んだ」と指摘していた。米国は「市場経済と社会主義、あるいは権威主義的な政治体制とは両立できない」というあたかも社会科学分野の定理のようなものを強く信じていたのだろう。そうした考えに強い根拠を与えたのが、ソ連及びコメコン（経済相互援助会議）体制の崩壊だったと思われる。

ソ連は、宇宙開発と軍事分野において、米国にとって大きな脅威だったが、経済や一般技術についてはそうではなかった。社会主義体制下のソ連の計画経済、それを複数国の経済圏にまで拡張したコメコン体制は、最初から全く上手くいかなかったのである。市場原理を導入しないのは非常に非効率であり、経済発展、イノベーションのモメンタムを削いでしまうことは明らかだった。

そこで、市場原理の導入を進めて経済の立て直しを図ろうとするや否や、そうした国々では民主化運動が高まり、政治体制はたちまち覆されてしまった。経済活動に市場原理を導入するのであれば、そもそも大量の指導層を抱える権威主義的な政治体制は必要ないということになる。

ところが、市場経済と社会主義、あるいは市場経済と権威主義的な政治体制とは両立できないということが、決して自明でないことを中国が証明してしまったのである。市場化と高い経済成長が長らく進む中でも、米国が期待したような中国の政治体制の変革は起こらなかったのだ。

米国が期待した中国の体制転換

これは、市場経済化が旧ソ連の崩壊を招いたという失敗から学んだ中国流の「漸進主義(gradualism)」が奏功したためと言えるだろう。国家統制と市場化の適正なバランスを慎重に測りながら、改革・開放を少しずつ進めていったのである。

それに加えて、市場化が高成長を実現させ、国民の雇用・所得環境の大幅な改善をもたらしたことで、結果として国民の不満が一定程度抑制され、社会と政治の安定が維持された、という側面もあるだろう。そして、その社会と政治の安定が経済発展をさらに促すという好循環も生まれたのである。

そこで、米国政府が中国の国家資本主義体制を外部からの力で変えさせる、一種の切札として仕掛けたのが、TPP（環太平洋パートナーシップ）協定だった。米国が主導してTPP協定を発効し、参加国を増やしていけば、そこに加盟しない中国の競争条件は悪化する。中国から参加国向けの輸出品に適用される関税率が、参加国間での貿易に適用される関税率よりも高くなるためだ。TPPが拡大していけば、中国の不利益が高まり、TPPへの参加意欲を自然と高めることになるのだ。

米国には、中国のTPP参加に対する交換条件として、中国の国家資本主義を修正させたいという狙いがあっただろう。それは、例えば、国有企業の改革や輸出補助政策の見直しなどである。

中国経済を先進国経済圏に取り込むことで変革を促すという、この時点での米国の戦略は、概ね妥当なものであったと言えるだろう。

トランプ前政権は対中戦略を大転換

ところが、2017年に発足したトランプ前政権は、こうした対中戦略を根底から覆してしまったのである。

トランプ前大統領は、世界の多角的自由貿易体制を担うWTOの機能を強く否定し、就任直後にTPP交渉からの離脱を決めた上で、中国との間で2国間貿易交渉を始めた。WTOやTPPの枠組みの中で、中国を先進国経済に融和させていくという方針を放棄し、2国間交渉を通じて力ずくで、中国の国家資本主義体制を変えさせようとしたのである。これは、いつまで経っても中国の経済発展が政治体制の変革に繋がらないことに耐えきれなくなったのが一つの理由だ。

加えて、中国の経済、先端産業が米国の優位を脅かす存在に至り、それが安全保障上の優位も脅かしかねないという危機感を強めたからだと考えられる。

トランプ前政権は、中国からの輸入品に対する追加関税の導入を繰り返し、さらに、安全保障上の懸念を理由に、中国通信大手ファーウェイ（華為）の製品購入とファーウェイへの部品・ソフトウエア供給を禁じる強硬策を打ち出していった。

こうした措置により、米中両国間のみならず、第三国の貿易にも大きな悪影響が及び、今まで築き上げてきたグローバル・バリューチェーンは、突き崩されていった。世界経済に大きな打撃をもたらすことは避けられないが、トランプ前政権はそれを覚悟でこうした強硬措置を選んだのである。

独自の経済圏構築を進める中国

バイデン政権は、トランプ前政権の追加関税という手法には否定的だが、貿易面での対中強硬姿勢は継承する方向だ。しかしこうした強硬姿勢が、米国が望む中国の国家資本主義体制の修正、あるいは中国経済、先端産業の退潮に繋がるかどうかは疑わしいところだ。むしろ中国経済をより強くする結果になるのではないか。

米国の各種措置や外交上の働きかけなどによって中国製品が他の先進国市場からも締め出されていく場合、中国はまず、国内市場を深耕させることで、成長と雇用を確保しなければならなくなる。しかし、一国だけで完結する閉じた経済システムを作り上げ、さらに発展させるのは簡単ではない。

確かに、中国は天然資源が豊富なため、他国と比べれば経済の自律性は概して高いと言えるかもしれない。中国で埋蔵量が既に判明している鉱物は１５３種であり、総埋蔵量は世界3位だ。石炭、鉄、銅、アルミニウムなど、主要な鉱物の埋蔵量は全て世界有数である。また、ＩＴ関連に使われるレアアース（希土類）の埋蔵量は世界の約3割、生産量は世界の約7割を占めている。

それでも中国は、石油を代表とした天然資源の多くを輸入に頼っているため、政治的、外交的に安定した関係にある友好国との貿易関係が欠かせない。

その基盤となるのは、「一帯一路構想」だろう。米中貿易戦争で海外市場を急速に狭められている中国にとって、活路を見出せるのが、一帯一路参加国という市場だ。それは、中国にとってはいわば「生命線」なのである。

近年、一帯一路参加国は中国からのインフラ関連融資の受け入れにやや慎重な姿勢をとっている。これは、中国の一帯一路構想を「借金漬け外交」と強く批判する米国のネガティブキャンペーンが、一定の成果を挙げているためだろう。しかし低所得国を中心に、一帯一路参加国にとって中国依存は簡単には変わらないことも予想できる。

その理由として第1に、中国企業が請け負うインフラ建設への需要の高さがある。中国企業によるインフラ建設は、他国の企業と比べてコストがかなり低く、その割には概して質が高い。この点は、中国企業の５Ｇ（次世代通信規格）関連機器などと同様であり、一帯一路参加国にとっては非常に魅力的だ。

第2に、世界銀行など、国際機関からインフラ整備の融資を受ける場合の条件の厳しさが挙げられる。日本を中心に先進諸国は、中国の一帯一路構想を牽制することも視野に、「質の高いインフラ投資」を打ち出している。「質の高い」とは、「条件が厳しい」といわば同義であるが、その基準のもとではインフラ整備を進められない新興国も多いのではないか。そのため、より緩い条件で融資を受けられる中国に依存する傾向は変わらないと考えられる。

さらに足もとでは、低所得国を中心に中国製ワクチンへの依存が高まっている。それは、インフラ投資のプロジェクトとも連動しているのである。

今後、各国の経済状況がより厳しくなる局面では、低価格で緩い融資条件の中国のインフラ整備プロジェクトへの依存が、一気に高まることも考えられる。

「アジア」と「新興国」がアイデンティティに

また、「奇跡の成長」とも呼ばれる中国経済をロールモデルとして、「長期間高成長を持続させた秘訣を中国から学びたい」、と考える新興国は多いだろう。それも、中国への接近を後押しするのではないか。

新たなビジネス領域においては、経済活動に政府が深く関与している中国のような国が、より強い競争力を備えていく可能性が高いだろう。例えば、ビッグデータを収集・分析し、それを良質なサービスに活かすには、国家が多くのデータを掌握している中国モデルの優位性が際立っているようにも見える。中国との経済関係を強化することにとどまらず、今後は、中国を一つのモデルとして、より国家統制型の経済システムへと移行していく新興国も多く出てくるかもしれない。

このようにして、中国は今後、一帯一路参加国をベースとしながら独自の経済圏を拡大していくことが考えられる。しかし、その過程において「中国の支配圏」という性格が前面に出るようになれば、参加国からの批判を招きやすくなるだろう。かつてソ連が、第2次世界大戦時の軍事的支配地域だった東欧諸国に、社会主義と計画経済を押し付け、各国の独自性を制限したために、強い反発を招いたという前例もある。

中国が巨大な支配権を確立するには、一種のアイデンティティが必要になってくるだろう。米国が「民主主義と人権」を人類普遍の価値とし、それを守り、あるいは広げることを名目にして他国に介入し、支配権を拡大してきたことと同様だ。

そこで、新たな中国経済圏のアイデンティティとなるのは、「アジア」と「新興国」の

２つではないか。そして中国は「アジアの盟主」であり、「新興国の盟主」であるという、両者の代表者としての立場を強くアピールするようになるのではないか。

１９５０年代から１９６０年代にも中国は、先進国に対抗し、新興国（第三世界）のリーダーの地位を得ようとした時期があった。その目標実現に向け、ソ連との同盟関係を解消した後に、毛沢東は先進国に一気に迫る経済成長を目指した。しかし、無理な計画は中国経済を大きな混乱に陥れてしまったのである。

その後は米ソ双方ともに距離を置く外交姿勢を維持したが、冷戦崩壊後の中国は「中国文化の擁護者となり、文明の中核国となること」「19世紀に失った東アジアの覇権国としての地位を取り戻すこと」の２つを目標に定めたと米国の国際政治学者サミュエル・ハンチントンは論じている[15]。

「アジア」と「新興国」の盟主になるという中国の考えは、非常に長い歴史を持つのである。

新たな東西分裂のリスクに

アジア地域の国々は、中国も含め、欧米諸国の支配を受けてきた屈辱的な歴史を持っている。また、新興国は、第２次世界大戦後に先進国が作り上げてきた国際秩序、ルールに「従わされてきた」という意識が強いだろう。

一般的にそうしたルールは、ルールを作った当事者にとって有利なものとなりがちだ。後発組の新興国は、常に不利な競争条件を押し付けられてきたと被害者意識を強く持っているのではないか。これは、貿易の国際ルールに関しても同様であろう。

このことが、自国に不利になる、あるいは国家資本主義と称される自国のシステムに変更を迫るという点から、中国がその貿易ルールを厳格には履行してこなかったという問題を生んできたのではないか。他方でそれは、米国など他の先進国から見れば、中国は国際ルールを守らないとの不満を強める結果となったのである。これらが、米中間での貿易を巡る対立の底流にあるだろう。

２００８年に始まったG20サミットは、そうした先進国と新興国の利害を調整しつつ、両者が協調して世界経済が抱える問題解決に取り組むためのものだったはずだ。その開催は、リーマンショック（グローバル金融危機）による世界経済の悪化を受けてのものだったが、その際、中国の巨額の景気対策が世界経済の下支えに貢献し、中国経済の存在感が一気に高まったことが大きなきっかけとなった。

しかし、ひとたび世界経済が安定を取り戻すと、先進国と新興国の協調を求める機運も低下していき、G20は目立った機能を果たせないまま10年以上が経過してしまった感がある。

「アジア」と「新興国」の盟主を自任する中国が、独自の中国経済圏を確立していけば、そこではコメコン体制のような「社会主義・計画経済」ではなく、「中国型の国家独占資本主義」が共有されていくだろう。そしてまた、「アジア」と「新興国」の利害を踏まえた新たな国際秩序が形作られていくのではないか。

その行き着く先は、「先進国」と「新興国」、あるいは「西洋諸国」と「アジア諸国」という大きく2つの社会に分裂した世界かもしれない。それは、「新たな東西分裂」、「新たな冷戦構造」に他ならないだろう。

活かされるコメコン失敗の教訓

ところで、中国がこのように新たな中国経済圏を形成し管理していく場合、かつてのコメコン体制の失敗を反面教師とするのではないか。この点から考えれば、中国がかつてのソ連のように、経済圏の構成国に社会主義というイデオロギーを強く押し付けることはないだろう。他方で、中央集権的な経済システム、国家独占資本主義が広く共有されていく可能性がある。
また、米国主導で、中国が先進国市場から徐々に締め出されていく場合には、中国は新たな経済圏の中で、独自の国際分業、グローバル・バリューチェーンを再構築しようとするだろうが、その際にもコメコン体制の教訓が活かされるはずだ。例えば、ソ連が描いた分業体制の中で、ルーマニアは農業国の役割をあてがわれたが、ルーマニアはそれに強く反発した。中国は、構成国間での生産資源の分布状態を把握し、また、各国の比較優位を見極めながら、分業体制の確立を緩やかに方向付けていくのではないか。
また、ソ連を中心とする放射型の貿易構造が、加盟国間の貿易をむしろ停滞させ、経済効率を低下させた面があった。中国はこうした点にも配慮して、経済圏の管理を慎重に進めていくだろう
しかし、コメコンと比較すると、一帯一路参加国の数は非常に多い。それらを、中国が「アジア」と「新興国」というアイデンティティのもとで、上手く運営、管理していけるかどうかはなお不確実だ。結果的に、大きな経済の非効率と混乱を生むのであれば、中国にとってだけでなく、先進国も含め世界経済全体にとっては大きな損失となってしまうだろう。

第3節

「一帯一路構想」はここまで進んでいる

第2回「一帯一路構想」国際フォーラムを開催

中国の「一帯一路構想」は、習近平国家主席が２０１３年に提唱したアジア〜ヨーロッパ〜アフリカ大陸にまたがる巨大経済圏構想だ。中国西部と中央アジア・欧州を結ぶ「シルクロード経済帯（一帯）」と、中国沿岸部と東南アジア・インド・アラビア半島・アフリカ東部とを結ぶ「21世紀海上シルクロード（一路）」の2つからなる。

これは、インフラ投資を中心とした中国主導の広範囲な経済構想であるが、安全保障政策にも密接に関係した、中国の国家戦略の一つという側面もある。中国型の経済モデルや政治モデルを他国にも波及させ、新たな国際秩序の形成を目指していると見られており、米国を中心とした先進国はそれを強く警戒してきたのである。

そんな中、２０１９年4月に、北京で第2回「一帯一路」国際フォーラムが開かれた。中国政府はこの場で、過去6年間にわたる一帯一路構想の成果や、世界経済への貢献を強くアピールした。

２０１７年5月に開かれた第1回に続くこの第2回フォーラムには、世界１５０の国と地域から約５０００人が参加し、その数は第１回を上回った。参加した各国首脳の数も37人と、前回の29人から増加している。

参加した首脳の中で目玉となったのは、イタリアのコンテ首相（当時）だ。２０１９年3月の習近平国家主席のイタリア訪問時に、両国は一帯一路構想の協力文書に署名した。イタリアは、Ｇ７の中で初めて、一帯一路構想に正式に参画した国となったのである。

このフォーラムで中国政府は、一帯一路構想は中国のみの利益となるものではなく、関係する各国にとって広く利益となる、開かれたプロジェクトであることを強調した。習国家主席は最終日の記者会見で、「一帯一路構想は成果の共有、協議の平等性、責任の共同負担を引き続き大原則にする」と説明している。

さらに、「この構想を提唱したのは中国だが、機会と成果は世界全てで共有すべきものであり、より多くの国・地域が参加することを望む」との考えを示したのである。

「債務の罠」「借金漬け外交」との批判に反論

習国家主席が、一帯一路構想は世界全てで共有すべきもの、いわば公共財であるとことさら強調したのは、同構想を中国が他国を支配するために仕組んだ「債務の罠」「借金漬け外交」と批判する米国への反論であり、一帯一路構想のイメージを高める戦略でもあった。

米国が中国の一帯一路構想への批判を強め、また関係国の間でも同構想に慎重な姿勢が生じるきっかけとなった有名な事件が、2018年に起きたスリランカの港湾譲渡問題である。

スリランカ政府は、以前より南部ハンバントタ港の開発を進めていたが、13億ドルに上る建設費の大半は、中国からの融資に頼っていた。しかし、最高で6・3％に上ったとされる高金利は、もともと苦しかったスリランカ政府の財政をさらに圧迫することになったのである。

債務返済に窮したスリランカ政府は2017年7月、港の管理会社の株式の70％を99年間、中国国有企業に譲渡することへの合意を余儀なくされた。スリランカ政府は

11億2000万ドルの取引に関する合意文書に調印し、この港は2018年1月に中国側の手に渡ったのである。

これをきっかけに米国が繰り広げた一帯一路構想への批判キャンペーンは、関係国にも影響を及ぼし、一帯一路構想に基づくインフラ投資プロジェクトの縮小や撤回を決める国が相次いだ。

第2回フォーラムでも、参加者数、参加首脳の数は前回と比べて増加したものの、第1回には参加したが今回は参加を見合わせた国、機関もまた目立ったのである。それは、トルコ、ポーランド、スリランカ、フィジー、アルゼンチン、世界銀行などだ。

中国政府にとって第2回フォーラムは、低下してしまった一帯一路構想のイメージを向上させるための絶好の機会だったのだ。

天然資源を確保するための軍事力強化

中国政府は一帯一路構想を、緩やかな経済協力関係を構築するものと説明するが、海外では、中国のみに大きな利益をもたらすとの見方が依然として根強い。

2017年10月の共産党大会で習近平国家主席は、「海洋強国」の建設を加速させると明言していた。これは、米国などからの干渉を受けずに、中国に天然資源を運び入れるための海路の確保を意味するものだろう。一帯一路構想は、中国が海外から安定的に資源を調達できる環境を整えるという目的も担っている。そしてそれは、海路の安全を確保するための軍事力強化という目的とも一体である。この点を米国は特に強く警戒しているのだ。

また純粋に経済的側面に限定した場合、一帯一路構想を通じて中国政府が目指していることの一つが、国内での過剰生産能力の緩和であることは、当初から指摘されていた点だ。リーマンショック後に実施した4兆元の大規模景気対策などは、鉄鋼、石炭、コンクリートなどの分野で過剰な投資と過剰な生産能力を生み出してしまった。

そこで、国内での構造改革と並行して海外の一帯一路地域でのインフラ投資を促し、過剰となった設備や鉄鋼、コンクリート等の建設資材など、当地向けの輸出を拡大することで、国内の過剰生産能力の緩和を図っている側面もあると考えられる。

ちなみに、こうした中国の戦略を、過去の帝国主義になぞらえる向きもある。ロシアの革命家ウラジミール・レーニンは、「資本主義の国家が国内に過剰な資本と生産能力を抱えた際、それが国内経済に深刻な影響を与えることを回避するために、国外に市場や投資機会を見出そうとする。その試みが帝国主義へと繋がるのだ」と指摘している。

一帯一路構想は中国の生命線

バイデン政権のもとでも、米国と中国の貿易摩擦は続く可能性が高い。さらに先進国による中国包囲網は、安全保障分野と並行して、経済分野でも進んでいくだろう。中国経済の高成長を支えてきた輸出環境が急速に悪化する中で、中国経済が今後も成長し続けるためには、新たな輸出先を開拓する必要がある。その新たな輸出先として期待されるのも、この一帯一路参加国なのである。

一帯一路構想が中国にもたらす経済的なメリットは、米中貿易摩擦が強まった現在、構想の開始当時と比べて各段に大きくなったと言えるだろう。今や、「一帯一路構想は中国の生命線」なのである。

後に詳しく見るが、実際のところ、中国と一帯一路参加国との経済関係は強まっている。双方間での輸出入総額は2018年に1・3兆ドルと、前年同期比16・3％増となった。これは、中国全体の輸出入総額の同増加率を3・7％ポイント上回っている。

さらに、米中貿易摩擦で輸出環境が急速に悪化する中、中国では内需の掘り起こしも急務となっている。その際に一つの課題となるのは、沿岸部などと比較して発展に遅れが見られる内陸部地域の開発だ。そこで、一帯一路構想を内陸部地域の開発に活用することも中国政府は狙っており、それは実際に成果を挙げているようだ。

長江上流の四川盆地東部に位置する政府直轄地である重慶市の輸出入総額は、２０１９年第１四半期に前年同期比で21・９％増加したが、一帯一路参加国との輸出入総額で見ると34・６％増加している。湖南省でも、２０１８年の一帯一路参加国との輸出入総額は前年に比べて36・５％増加した。

中国と一帯一路参加国との経済貿易交流は、規模、質ともに向上傾向にあり、中国メディアは「質の高いプロジェクトにけん引され、経済・貿易協力は新しい段階に入った」と伝えている。米中貿易摩擦激化によって従来の経済成長モデルに大きな狂いが生じた中国にとって、一帯一路構想は生命線であるとともに、起死回生策とも位置付けられるだろう。

一帯一路参加国のＧＤＰは世界の３割

今後、一帯一路参加国をベースに新たな中国経済圏が構築された場合に、それが世界の中でどの程度の規模になり得るのかを考えてみよう。

図表 3-1 「一帯一路」構想への参加(沿線)国の概況(2016年末現在)

地域	国家	人口(万人)	名目GDP(億ドル)	貿易額(億ドル)
東アジア(1か国)	モンゴル	301	117	84
東南アジア(11か国)	インドネシア、タイ、マレーシア、ベトナム、シンガポール、フィリピン、ミャンマー、カンボジア、ラオス、ブルネイ、東ティモール	63853	2580	23066
中央アジア(5か国)	カザフスタン、ウズベキスタン、トルクメニスタン、キルギス、タジキスタン	6947	2255	1013
南アジア(8か国)	インド、パキスタン、バングラデシュ、スリランカ、アフガニスタン、ネパール、モルディブ、ブータン	174499	29146	8033
西アジア・北アフリカ(19か国)	アラブ首長国連邦、サウジアラビア、トルコ、イスラエル、カタール、エジプト、クウェート、イラン、イラク、オマーン、バーレーン、ヨルダン、レバノン、アゼルバイジャン、グルジア、イエメン、アルメニア、シリア、パレスチナ	43505	36468	18526
東欧(20か国)	ロシア連邦、ポーランド、チェコ、ハンガリー、スロバキア、ルーマニア、ウクライナ、スロベニア、リトアニア、ベラルーシ、ブルガリア、エストニア、ラトビア、ボスニア・ヘルツェゴビナ、キプロス、アルバニア、セルビア、モルドバ、クロアチア、マケドニア	32162	26352	21164
64か国総計		321266	120140	72886

(出所)「『一帯一路』構想の政策動向と課題」(アジア文化研究所研究年報、2017年)より野村総合研究所作成

中国の一帯一路構想に参加している国の範囲は必ずしも明確ではないが、中国商務部や外交部が示した資料では、２０１６年末時点で、中国を除いて64か国とされている。

この64か国について、人口、名目ＧＤＰ、貿易額の合計を計算したものが、図表３－１である[16]。２０１６年末時点で人口総数は約32億人、名目ＧＤＰ総額は約12兆ドル、貿易（輸出及び輸入）総額は7兆ドル規模となる。それぞれ、世界に占める比率を計算すると43％、16％、21％である。

これに中国を加えて再計算すると、中国を含む一帯一路参加国は世界の総人口の62％、世界の名目ＧＤＰの31％、世界の貿易額の33％となる。疑いもなく超巨大な経済圏であることがわかるだろう。

人口の構成比に比べて名目ＧＤＰの構成比が半分程度と低いのは、一人当たりの所得が比較的低い国が多いことが反映されている。

コメコンの経済規模を大きく上回る一帯一路

以上の一帯一路参加国の経済規模をコメコンの経済規模と比べてみよう。１９７０年時点での世界の中でのコメコンのＧＮＰ（国民総生産）の比率を計算（世界はＧＤＰ）すると

図表 3-2　**コメコンと一帯一路の経済規模比較**

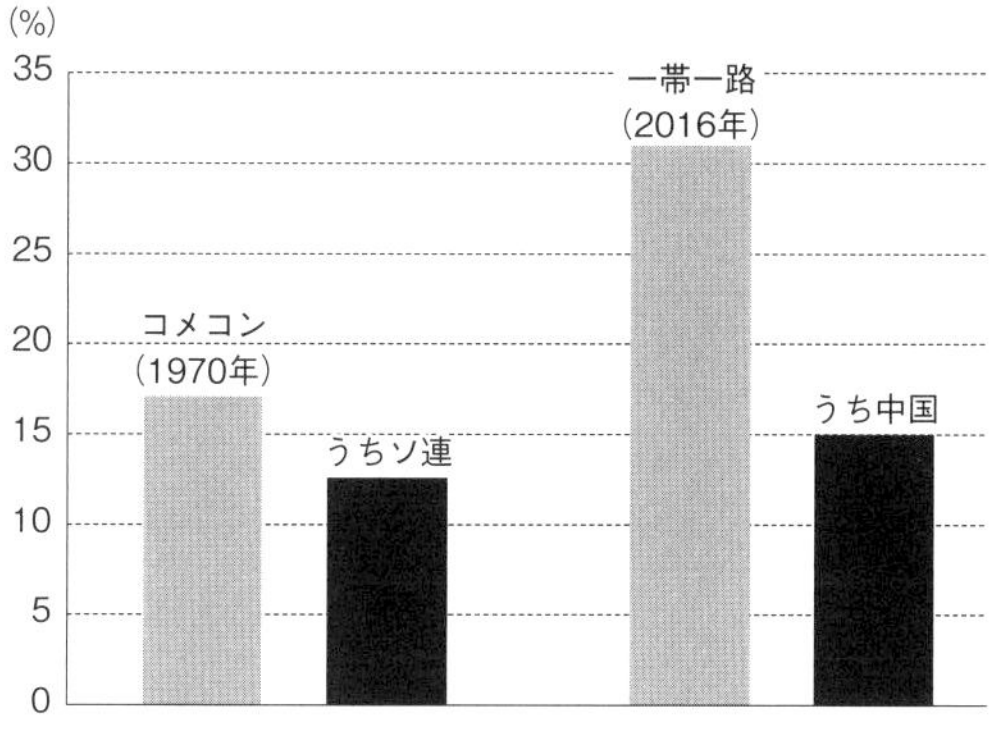

（注）コメコンの経済規模はGNP、一帯一路の経済規模はGDPの世界の中での比率
（出所）「『一帯一路』構想の政策動向と課題」（アジア文化研究所研究年報、2017年）、その他各種資料より野村総合研究所作成

17%であった。これに対して、２０１６年時点での世界における一帯一路のＧＤＰの比率は31%と、コメコンの比率を2倍近く上回っている（図表３－２）。

ただし、以上の計算で用いた64か国は、いわば発足時のコアメンバーに近いものだ。例えば、２０１９年3月にＧ７で初めて、一帯一路関連のプロジェクトに関する覚書に署名したイタリアを加えると、世界の名目ＧＤＰに占める一帯一路参加国の比率は一気に２・５%も高くなる。

一帯一路参加国の実態は明らかになっていないが、現状で１３０か国程度とも言われている。その場合には、参加国数は発足時よりも2倍近くに増えていることになる。

そこで、将来的には一帯一路参加国が新興国全体に広がり、アフリカ全体、あるいは南米全体なども一帯一路参加国に加わると仮定して計算してみる。すると、潜在的な中国経済圏の経済規模は、世界のＧＤＰの実に４割以上となる。これは、コメコン体制の３倍近くの規模である。仮にこれが実現すれば、名実ともに、世界は２つの経済圏に大きく分裂してしまうことになるだろう。

グローバル経済への大きな打撃

中国経済圏がかつてのコメコン体制と大きく異なるのは、構成が新興国、低所得国中心となることだ。コメコン体制の構成国である東欧諸国は、少なくとも発足時には平均所得も比較的高く、新興国とは言い難かった。

一方、一帯一路の発足コアメンバーの一人当たり所得は、世界平均の半分程度だ。こうした比較的低所得の国の経済発展を促す場合には、中国の強い支援が必要になる。これは、中国からの融資に依存した、現在の一帯一路構想のインフラ事業にも既に現れている。この状況が続けば、将来的には、中国にとっての大きな負担となることも考えられるところだ。

しかし、当時、中・高所得国であり、既に成熟していたとも言えるソ連、東欧諸国の場合、コメコン体制によって、あるいは市場経済化によって、その成長率を大きく高めることはできなかった。それに比べると、一帯一路参加国をベースとする新たな中国経済圏の構成国は、成長ポテンシャルがかなり高いのではないか。そして、技術水準が相対的に低いがゆえに、中国の製品や技術が浸透しやすいだろう。一帯一路参加国、あるいは周辺国の経済に限れば、中国がそうした地域への影響力を強めていくことは、当該地域が成長率や技術力を高めるきっかけになるだろう。

けれども、その結果、世界経済が2つに分裂していくのであれば、それは世界経済の効率性を低下させてしまう。特に、先進国の経済圏にとっては、成長の停滞を招くきっかけともなるだろう。かつての「鉄のカーテン」のように、新たに東西の市場が一気に分断化される事態とはならないだろうが、米国が中国との貿易取引の制限を拡大させ、他の先進国もそれに追随するなら、両者間での市場の分断化は緩やかながらも着実に進んでいくのではないか。

西側諸国による経済封鎖措置がコメコン体制の創設のきっかけを作り、東西対立を強めるきっかけになったという歴史は、現在の米中の貿易摩擦の帰結を示唆する重要な教訓である。

第4節

中国は一帯一路参加国との経済関係を強める

急速に高まる新興国の対中貿易依存

中国と他国との貿易関係には、近年、大きな変化が見られている。新興国経済の中国への依存、中国経済の他の新興国への依存がともに強まっているのである。中国経済圏の形成が既に進行していると言えるのではないか。

２０００年時点での中国の輸出相手国上位10か国を見ると、米国を筆頭に、いずれも先進諸国が占めていた。ところが、17年後の２０１７年時点ではベトナム、インドが上位10か国に加わり、中国の輸出先が多様化して、他の新興国へと広がってきていることがわかる。

一方、他国から見た対中貿易への依存度は、どのように変化しただろうか。「通商白書

２０１８年版」（経済産業省）の分析に従って、各国の輸出及び輸入に占める中国の比率とその変化を見てみよう。

各国の輸入全体に占める中国からの輸入の比率、つまり中国への輸入依存度を見ると、２０００年には50％以上に達した国はなく、30％以上50％未満は香港とマカオの２か国、20％以上30％未満は北朝鮮の１か国だった。また、10％以上20％未満は、モンゴル、日本、イラク、アフガニスタン、ルワンダの５か国であった。

ところが、２０１７年時点では、50％以上が北朝鮮、30％以上50％未満が香港、マカオ、モンゴル、カンボジア、ミャンマー、キルギスタン、パラグアイの７か国、20％以上30％未満は日本、韓国、米国を含む26か国と急増している。また、10％以上20％未満は46か国にも達している。この17年の間に、各国で対中輸入依存度は爆発的に高まったのである。そして、対中輸入依存度が急上昇した国の大半は、新興国である。

一方、各国の輸出全体に占める中国向けの比率、つまり対中輸出依存度を見ると、２０００年には50％以上に達した国はなく、30％以上50％未満はモンゴルと香港の２か国、20％以上30％未満はオマーン、イエメン、赤道ギニア、アンゴラの４か国、10％以上20％未満は韓国、マカオ、ソロモン諸島、ベトナム、サウジアラビアの５か国だった。

それが、２０１７年時点では、50％以上が北朝鮮、モンゴル、香港、ソロモン諸島、トルクメニスタン、南スーダン、エリトリア、アンゴラ、コンゴ共和国の9か国へと一気に増えた。また、30%以上50%未満は豪州、ミャンマー、オマーン、コンゴ共和国、ガボン、モーリタニア、ギニアの7か国、20%以上30%未満は韓国、ニュージーランドを含む10か国、10%以上20%未満は日本を含む24か国となっている。依存度10%以上の国が11か国から50か国へと5倍近くに増加しているのだ。

このように、近年、新興国経済の中で中国のプレゼンスは急速に高まっていて、中国による新興国経済の支配が強まっていると捉えることもできるだろう。

対米欧を上回る一帯一路向け輸出

新興国の中でも、特に一帯一路参加国と中国との間の貿易関係は、急速に拡大している。「通商白書２０１８年版」（経済産業省）の分析によると、その貿易額は、中国と米国、中国とＥＵ（欧州連合）の貿易額を、既に大きく上回っている（図表３－３）。中国の先進国離れは着実に進んでいるのだ。

２０１７年時点で、中国と米国の間の貿易額（輸出額と輸入額の合計）は、約５９００億ドル、中国とＥＵの間の貿易額は約６２００億ドル。これに対して、中国と一

図表3-3　中国と米国、EU、一帯一路関係国との貿易額比較

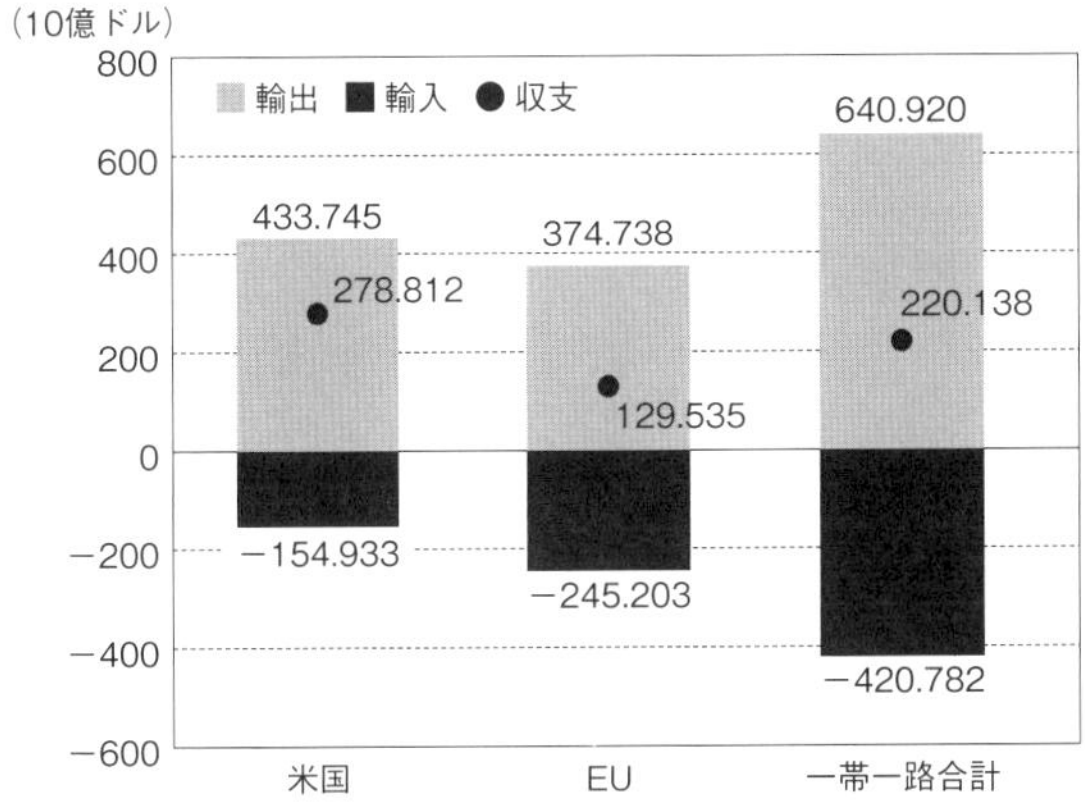

（出所）経済産業省「通商白書2018年版」（IMF DOTSより経済産業省作成）

帯一路参加国（62の国と地域）の間の貿易額は約１兆６００億ドルにも達している。貿易収支で見ると、一帯一路参加国に対する中国の貿易収支は黒字であり、その規模は約２２００億ドルと、対米黒字の約２８００億ドルに迫る規模となった。

一帯一路参加国で中国からの輸出額が大きい上位10か国のうち、６か国がＡＳＥＡＮ加盟国（ベトナム、シンガポール、マレーシア、タイ、インドネシア、フィリピン）だ。その他は、インド、ロシア、ＵＡＥ（アラブ首長国連邦）、イランとなっている。

一帯一路参加国の中で、中国の貿易黒字額が突出して大きいのがインドであり、それにベトナム、ＵＡＥ、パキスタンが続い

図表3-4　中国と一帯一路関係国との貿易収支

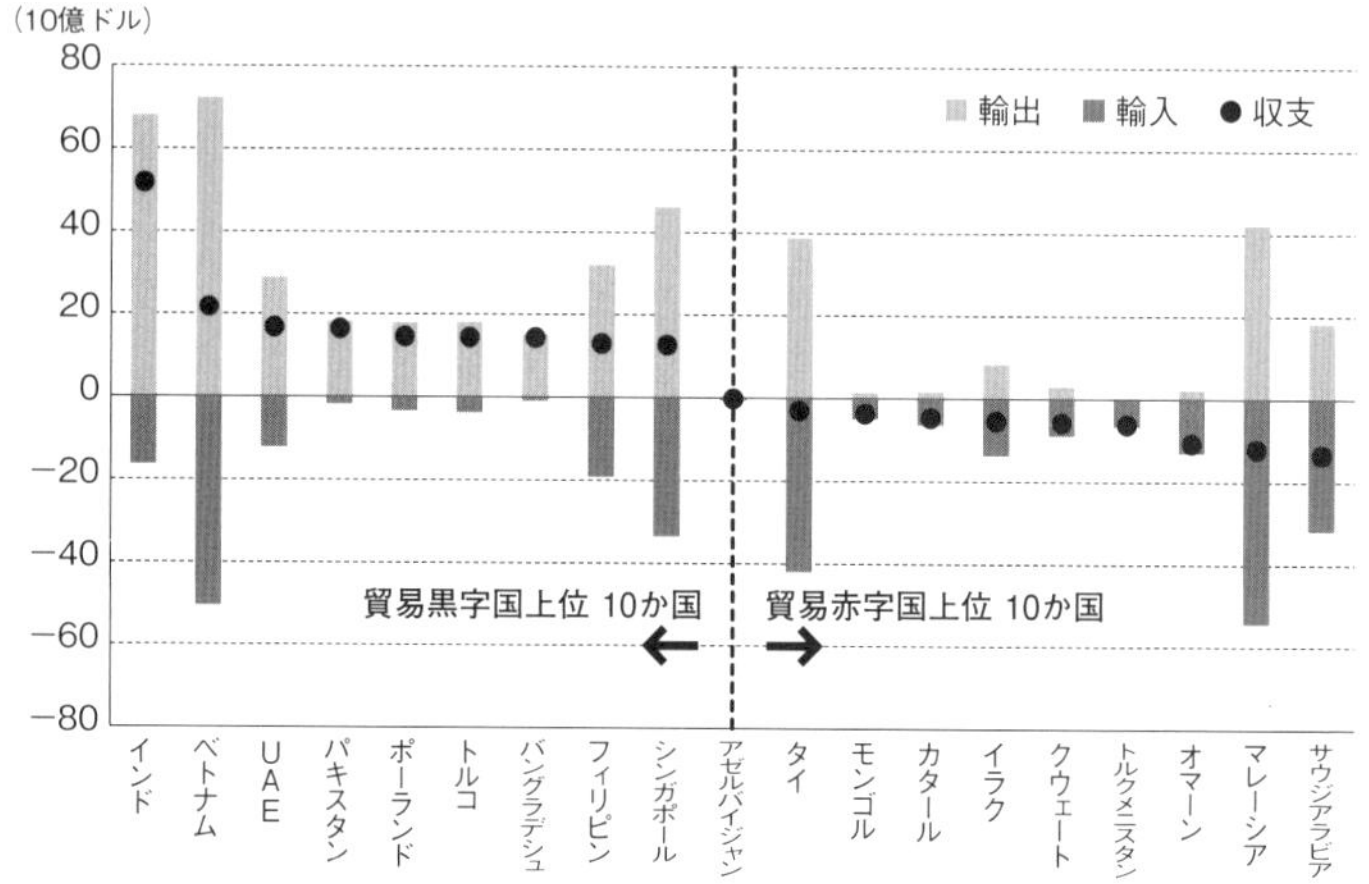

（出所）経済産業省「通商白書2018年版」（IMF DOTSより経済産業省作成）

ている（図表3－4）。中国のインドへの主要な輸出品は携帯電話、半導体、パソコンなどだ。他方、主要な輸入品は、宝石、精銅などだ。第2の貿易黒字国であるベトナムについては、中国からの主要な輸出品は携帯電話、半導体、繊維製品等、輸入については、携帯電話、半導体、テレビ等の部品、綿糸などとなっている。電気製品、繊維製品については、両国間で水平分業が進んでいるようだ。

　他方、中国の最大の貿易赤字国はサウジアラビアであり、それにマレーシア、オマーンが続く。中国のサウジアラビアに対する主な輸出品は携帯電話、エアコン、繊維製品で、主な輸入品は原油だ。一帯一路参加国の中で、中国が貿易赤字となっている国については、中国が原油や鉱物などを輸入する資源国が多いのが特徴である。

形作られていく中国経済圏とＲＣＥＰ

このように、中国は一帯一路参加国を中心に、他の新興国との間の貿易関係を強化し、新たな中国経済圏・貿易圏の形成を着実に推し進めているように見える。

さらに中国は、広域自由貿易協定を通じて、こうした動きを一気に加速させようとしているようだ。それがＲＣＥＰ（地域的包括的経済連携）である。

日中韓３か国と豪州、ニュージーランド、ＡＳＥＡＮ10か国の計15か国は、２０２０年11月にＲＣＥＰで正式に合意し、協定に署名した。

その参加国の人口やＧＤＰの合計は、ＴＰＰやＥＵなどのＥＰＡ（経済連携協定）よりも大きくなり、世界人口の約３割、ＧＤＰの約３割を占める。今までにない超巨大経済圏が誕生したのである。

コロナショックで各国が内向き傾向を強めやすい環境下で、こうした自由貿易協定の締結が先送りされずに成立したのは、まさに画期的である。各国ともに、コロナ終息後の経済回復の原動力として、貿易の拡大に期待していることの表れなのだろう。

自動車部品など日本の工業製品に各国がかける関税は、91・５％の品目で撤廃される。無関税となる品目の割合は、中国で現在の８％が86％に、韓国で19％が92％へとそれぞれ拡大される。

関税撤廃率がほぼ１００％であるＴＰＰや日・ＥＵのＥＰＡと比べればその数値は低く、また撤廃までの期間が20年などと長いものも少なくない。しかし、ＴＰＰに比べて自由化の程度が緩いことが、各国がＲＣＥＰに合意できた大きな理由の一つだろう。

またＴＰＰにおいては、知的財産権や労働者の権利、環境問題、国有企業に関する厳格なルールが定められているが、ＲＣＥＰはこれらを含まず、経済的メリットのみを追求する枠組みとなっている。

中国の狙いと日本の戦略

これは、特に中国にとっては好都合なことだ。知的財産権や国有企業問題は、米中貿易協議でも激しく批判を浴びてきた分野である。それらを大きく見直すことは、中国の政治・経済システムを根本的に修正することに繋がりかねず、中国としては簡単には受け入れられない。

とはいえ、米国市場あるいは先進国市場から自国製品が締め出されつつある中国は新たな輸出入先の開拓とサプライチェーンの構築が必要であり、それがＲＣＥＰ加盟の理由の一つだろう。ＲＣＥＰには、中国が近年貿易関係を急速に強めてきたＡＳＥＡＮ10か国が参加していることから、関係を一段と強化する足掛かりとなるはずだ。

では、ＲＣＥＰに参加した日本の狙いは何か。

最終的にインドがＲＣＥＰに参加しなかったことは、日本にとっては誤算であったろう。インドは２０１９年までは交渉に参加していたが、中国製品の流入が国内市場にもたらす影響への懸念や、ＲＣＥＰ交渉に参加していない米国への配慮などから、最終的には協定の署名を見送った。インドが加わらないＲＣＥＰは、中国の影響力が大きくなり過ぎる可能性があり、それは、日本にとっても脅威である。

それでも、最終的に日本がインド抜きでのＲＣＥＰ発効に賛成し、自らも参加を決めた背景には、自国の経済的メリットに加えて、中国を牽制する狙いがあるだろう。中国がＲＣＥＰをベースにして国際ルールとは異なるルールで他国との貿易を拡大させ、また経済的に他国への支配を強めないよう制することができる。いわば日本は、ＲＣＥＰ内での中国の「お目付け役」を果たすことになるのである。

また、日本に期待される役割はそれだけではない。

ＲＣＥＰとＴＰＰには、日本の他、豪州、ニュージーランド、シンガポールといった双方に重複参加している国がある。それでも、将来的に米国がＴＰＰに加われば、アジア太平洋地域で、中国を中核とするＲＣＥＰと米国を中核とするＴＰＰとの対立の構図となり、両者間で貿易圏を巡る争いが起こりうる。また、それは安全保障上の対立とも深く関係してくる。

その際、双方に参加している日本が、世界経済の安定のために果たすべき役割は大きいのではないか。日本は、中国が国際的な貿易ルールを順守するよう、ＲＣＥＰ内で牽制、監視できる。他方で、歴史的に見ても常に自国第一主義に陥りやすい米国に対しては、自由貿易のメリットを訴え続け、米中間の貿易摩擦の緩和を働きかけられるだろう。

日本が米中間の対立を抑えて、世界経済が２つに分かれる事態を回避できれば、それは貿易立国である日本の利益となるとともに、世界経済の安定にも大いに貢献する。このような役割を果たすことができるのは、世界の中で日本だけである。

13 「中国の新型ウイルスワクチン、分かっていることは?」、BBC NEWS JAPAN、2021年1月15日

14 「ワクチン確保に国際格差　新興国、独自調達探る」、日本経済新聞電子版、2020年12月26日

15 『文明の衝突』、サミュエル・ハンチントン著、集英社

16 「『一帯一路』構想の政策動向と課題」、アジア文化研究所研究年報、2017年

第4章

中国で進むプラットフォーマーへの統制強化

第1節

アント上場延期で始まったアリババ・アント帝国の崩壊

アント・グループが突然の上場延期に

国家が経済を強く統制する中国の「国家資本主義」のもとでも、著名なジャック・マー（馬雲）氏が創業した民営企業（民間企業）の電子商取引大手アリババグループ、その傘下でスマートフォン決済アプリのアリペイを提供する金融プラットフォーマーのアント・グループは目覚ましい成長を遂げ、中国を代表する民間企業として世界にその名を広く知られる存在となった。

しかし、そうした中国のサクセスストーリーを一気に潰そうとするかのように、国家による統制強化が断行されている。その始まりは、何の前触れもなく突然やってきた。２０２０年11月のアント・グループの上場延期だ。

アント・グループは香港市場と上海市場の両取引所から上場の承認を受け、11月５日に上場する予定となっていた。投資家の募集も終え、資金調達額は２０１９年に上場したサウジアラビアの国営石油会社サウジアラムコを上回り、史上最大となる見通しだった。ところが直前の11月３日になって突然、延期が発表される。まさに異例の事態となったその背景について詳細は明らかにされていないが、中国当局とアリババグループ、アント・グループとが緊張関係にあるという国内事情を世界に露呈する結果となってしまった。

また、海外投資家も大いに注目していたこの上場の直前の延期は、中国市場に対する信頼性を大きく傷つけることにもなった。それを十分わかった上で、中国の当局は国内事情を優先させたのである。

上場延期決定の前日11月２日に、証券業を監督する中国証券監督管理委員会（証監会）は、アント・グループの実質的な経営権を握るジャック・マー氏とアント・グループの幹部を聴取していた。この場で、アント・グループのネット融資事業を当局が厳しく監視する方針が伝えられたという。なぜ同社の融資事業が特に問題視されたのかについては、後に詳細に見ていく。

当局の怒りを買ったジャック・マー

11月2日に聴取を行った直後に、当局はネット小口融資に対する新たな規制案を公表した。その翌日に、アント・グループの上場延期が発表されたのである。

11月4日に中国証券監督管理委員会は、「金融監督・規制に重大な変化があった状況の下で、アントの性急な上場を回避した。投資家と市場に対して責任あるやり方だ」との声明を発表している。これに合わせるように中国人民銀行も、「市場の健全な長期的発展と投資家の利益保護に関わる判断だ」と述べ、上場延期の判断の正当性を強調している。

アント・グループの業務に関連する規制が新たに強化されたため、それを反映していない段階で決まっていた上場がそのまま実施されれば、市場の公平性に反し、投資家の利益を損ねる恐れがある、というのが上場延期の公式の説明なのだろう。しかし、そうした説明を額面通りに受け取る向きは少ない。

ジャック・マー氏が２０２０年10月24日の講演の中で、中国当局の金融規制を「時代遅れ」と批判し、当局の怒りを買ったことが、上場延期のきっかけになったとの見方が強い。実際、10月下旬に開かれた中国共産党の重要会議、第19期中央委員会第5回全体会議（5

中全会）では、このジャック・マー氏の発言が大いに問題視されたという。その後しばらくの間、ジャック・マー氏の消息は不明となり、様々な憶測が流れたのである。

背景には国内政治闘争も？

一方で、米ウォール・ストリート・ジャーナル紙[17]は、アント・グループの上場の数週間前に、中国政府が目論見書の中で同グループの複雑かつ曖昧な所有構造を発見し、問題視したと後に報じている。それが、上場延期の一因になったのだという。

アント・グループの株を保有していた人物には、習近平国家主席の政敵となる関係者・関係団体も含まれていた。その一つが、習近平国家主席が汚職撲滅運動で追放したとされる江沢民元国家主席の一族が創業者に名を連ねるプライベート・エクイティ（ＰＥ）だという。仮にこの報道が正しいとすれば、アント・グループの上場が直前に延期され、後に見るように大幅な再編へと追い込まれるに至った背景には、このような国内政治問題、政治闘争も絡んでいたことになる。

ただし、中国政府がアント・グループの上場延期を断行した理由について、これまで挙げたような説明だけではまだ表層的な解釈なのではないか。

きっかけはそうであるとしても、当局の強硬な対応の底流には、国家にとって脅威となってきたプラットフォーマーの力を抑え込み、国有企業が中核にある伝統的な金融業者を支援するという当局の方針があると考えるべきだろう。簡単に言えば、アリババグループ、アント・グループは大きくなり過ぎたのである。

アント・グループの上場延期を最終的に判断したのは、習近平国家主席と見られる。米国との対立が激しくなる中で、習近平国家主席は民営企業に対しても国家統制を強めていくことで、国が一丸となって米国に対抗する体制を固めようとしているのだろう。

一気に進められた統制の強化

また、米ウォール・ストリート・ジャーナル紙が２０２０年12月に報じた内容によると[18]、アント・グループの上場延期が発表される直前、ジャック・マー氏がアント・グループの一部事業を政府に譲渡する提案を行っていたことがわかった。これは、政府が決めたアント・グループの上場延期を翻意させるため、いわば交換条件としてジャック・マー氏が提案したものと見られる。また、政府がアリババグループへの規制強化を進める中、政府との関係改善を図り、自社を守るという狙いもあったのではないか。

ジャック・マー氏は規制当局との会議で、「国が必要とするのであれば、アントから好きなプラットフォームを譲ってもいい」と述べたという。しかしこの提案は結局受け入れられず、アント・グループの上場延期が決まったようだ。

その後、アント・グループは事実上分割され、当局の強い規制のもとに置かれる方向へと進んでいく。そこに至るまでの規制強化の流れを簡単に振り返ってみよう。

上場延期の決定からわずか数日後には、巨大ネット企業の独占的な行為を規制する、新たな指針の草案が公表された。巨大ネット企業が競争を大きく阻害する市場支配力を手にし、また消費者データを悪用して消費者の権利を侵害しているとの懸念を理由に、当局は監視・規制の強化に乗り出したのである。

ＥＣ（電子商取引）市場で圧倒的なシェアを握るアリババグループは、その市場支配力で中小・零細企業を破綻に追い込み、また優越的な立場を利用して、取引先に不当な圧力をかける行為が長年問題視されていた。この新たな指針は、主にアリババグループを念頭に置いたものと考えられる。

当局の軍門に下るアント・グループ

２０２０年12月29日、ロイター通信は、アリババグループ傘下の金融会社アント・グループが金融持ち株会社を設立し、そこに現在の金融事業の大半を移管することを検討していると報じた。中国人民銀行は同日に、この報道が事実であることを認めている。金融持ち株会社を設立すれば、銀行と同様の規制を受け入れることになる。それは、アント・グループが当局の軍門に下ることを意味する。アント・グループの上場延期以降、怒濤のように進んだアリババグループ、アント・グループなどプラットフォーマーに対する規制強化の末のことである。

同年12月14日、中国の独占禁止法の執行機関である国家市場監督管理総局（市場監管総局）は、アリババ、テンセント、そして物流大手の順豊控股のそれぞれの子会社が独占禁止法に違反したとして、３社に対して50万元（約７９４万円）の罰金を科したことを発表した。

12月18日には、アント・グループが、規制当局の指導に従い、同社の決済システムであるアリペイを通じて銀行に預金ができる個人向けの仲介サービスを、突如中止した。

12月24日には、規制当局が独占的行為の疑いでアリババグループへの調査を開始したと発表した。

さらに12月26日には、中国人民銀行など複数の金融当局は合同で、アント・グループに対して、監督上の行政指導を行った。アント・グループが金融持ち株会社の設立を検討し始めたのは、この際の指導を受けたものだ。

アント・グループは規制を受け入れ生き残りの道を選んだ

中国人民銀行は2021年4月12日に、アント・グループに対する全面的で実行可能な改革案がまとまった、と報告した。電子決済サービスと他の金融サービスとの不当な連携を見直すなど、5項目の改革を進めるようアント・グループに求めたのである。アント・グループは、金融持ち株会社を設立し、金融事業をそこに移管する。

中国政府は、4年前から金融システムのリスクを一掃する取り組みを続けてきた。そして、習近平国家主席は2020年11月に、金融当局に対し監督の役割を強めるよう求め、こうした規制強化にお墨付きを与えたのである。その中で、世界一の規模にまで膨らんだアリババグループ、アント・グループがその標的に定められた感が強い[19]。

金融当局はアント・グループに対して、決済サービス企業としての原点に近づく必要があると指示したという。これは、ビジネスの起点となったアリペイの決済業務は継続させるが、貸出、預金、運用、保険など、それ以外の金融業務については大きく変容を迫るということだろう。当局は、特に巨額の利益を挙げている消費者金融の業務を大きく見直したいという意向を強く持っている。

アント・グループの再編計画は、当局がいよいよ、プラットフォーマーの金融部門への統制を、本格的に強化し始めた証拠と言える。その、いわゆる金融プラットフォーマーには、「①金融ビジネスから撤退していく」「②金融業の発展に資するサービスを金融業者に提供する文字通りのプラットフォーマーに特化していく」「③規制を受け入れて正式な金融業者に近づいていく」の３つの道のいずれかを選ぶことが強いられる。

アント・グループは規制強化を受け入れることで、当局に潰されることを免れ、生き残る道を選んだのである。ただしその結果、従来のような巨額の利益を挙げることが難しくなるのは間違いない。

今後、アント・グループの上場がかなったとしても、その際、市場に評価される企業価値は、上場延期以前と比べて格段に小さくなるだろう。

第2節

アント奇跡の急成長の陰にビッグデータ活用

アリペイは世界のスーパーアプリ

アント・グループが提供するスマートフォン決済アプリのアリペイは、アリババグループの電子商取引を支える決済サービスとしてスタートした。そしてその後、融資（与信）、預金仲介、資産運用、保険など、同じアプリ上で幅広い金融サービスを提供するまでに、急速に進化していったのである。おそらく、決済サービスのみにとどまっていたなら、中国政府はここまでアント・グループに対する統制を強化し、ビジネスモデルの転換を強く迫ることはなかっただろう。

また現在、アリペイという一つのアプリ上でユーザは、金融サービスにとどまらず、公共料金の支払い、医療機関の予約、映画チケットの手配、フード・デリバリー、配車など、日常生活に必要な様々なサービスを受けられる。アリペイは、テンセントのウィーチャットペイと並んで、スーパーアプリと呼ばれている。それは中国のみならず、世界トップクラスのスーパーアプリなのである。

アント・グループの資産運用業務で大きな成功を収めたのが、ＭＭＦ（マネー・マーケット・ファンド）の「余額宝（ユエバオ）」だ。次はその概要について見てみよう。

余額宝は、基金運用・管理会社である天弘基金管理有限公司によって運営されている。この天弘基金が開示している運用契約書によると、余額宝の投資対象は、円滑な流動性を確保するため「（ⅰ）現金、（ⅱ）短期融資債券、（ⅲ）1年以内の定期預金、（ⅳ）償還期限が一年以内の中央銀行手形」など、償還期間の短いものとなっている。また、流動性維持の観点から、各取引日における平均償還期間（満期までの期間）は１２０日間を超えないように運用されているという。

余額宝が成長する上で強い追い風となったのは、銀行間金利（インターバンク・レート）の上昇である。その水準が銀行預金金利を上回る局面で、銀行預金の魅力は相対的に低下、銀行間金利に連動して金利が上昇するＭＭＦの魅力が高まり、そこへの資金流入が加速したのである。

余額宝がスタートしたのは２０１３年６月のことだが、２０１８年９月末時点で、その規模は1兆９３００億元（31兆２０００億円）にまで達した。わずか5年間で、一時期は世界最大のＭＭＦに急成長を遂げたのである。

ちなみに、この余額宝は決済機能も内蔵している特別なＭＭＦだ。ユーザは、アリペイで決済する時に、余額宝を使って直接決済することもできる。他方で、アリペイ内に決済用にプールされた資金には金利が付かない。そのため、多くのユーザは、余額宝での運用に多くの資金を回してきたのである。

ただし、当局による規制強化の影響などで、２０２０年3月末時点の運用資産規模は1兆２６００億元まで縮小している。それでも引き続き世界最大級のＭＭＦの一つという地位を守っている。

金融システムへの影響が危険視された預金仲介業務

預金仲介業務については、アリペイ上で複数の銀行の預金商品が並べられ、顧客がそれらの金利を簡単に比較できるようになっている。このネット預金仲介を行っているのは、アント・グループだけではない。テンセントや、ネット検索のバイドゥ系の度小満金融など、多くの金融プラットフォーマーが、それぞれの金融部門で国内銀行の高利回り預金商品を販売している。

預金者は預金金利の水準だけを見て、預金先の銀行を決める傾向があるため、各銀行はより高い預金金利を提示するようになり、金利競争が激化している。例えば、プラットフォーマーのアプリ上では、指標金利の3倍以上の金利の6か月物定期預金が販売されており、大いに人気を集めてきたのである。

そうした中、高い預金金利を提示できない体力のない中小銀行からは預金が流出し、資金繰りが悪化するリスクが出てきた。また、高い預金金利を提示する銀行にとっても、それは経営を圧迫することになる。しかも、そうした銀行は、アント・グループなどプラットフォーマーに対して預金残高の0・2〜0・3%とされる紹介・仲介の手数料を払わねばならず、それも収益減の要因となる。プラットフォーマーの預金仲介業務が、中国の金融システムの安定を揺るがしかねない事態となってきたのである。

21世紀経済報道によると、中国人民銀行の金融安定局長は、プラットフォーマーによる銀行預金の仲介について、「違法な金融活動であり、無免許運転のようなものだ」と断じ、そうした業務を人民銀行の金融監督制度のもとに置くべきだと主張したという。

その後、アント・グループが2020年12月に、個人向けの銀行預金仲介サービスを突如中止すると発表したのは先述した通りである。[20] 同社は、「オンライン預金サービスに関する最近の規制上の要件に従って、アリペイからオンライン預金商品を自主的に取り除いた」と説明している。と言いながらも事実上は、金融システムの安定に与える悪影響を警戒した規制当局の要請に応じた措置である。

アント・グループの収益の柱に成長した融資業務

一方、２０２０年11月にアント・グループが上場延期に追い込まれた際に、規制当局が特に問題視していたのは、既に述べたように融資業務だった。近年では、この融資業務が、アント・グループの主要な収入源となっていたのである。２０２０年度上半期の事業別収益では、決済関連が２６０億元（約４１６０億円）であったのに対して、融資関連が約２８６億元（約４５７６億円）と初めて逆転している。[21] 他方で、アント・グループの決済業務の売上構成比は、２０１７年の54・９％から、２０１８年には51・８％、２０１９年には43・０％と、着実に低下してきている。[22]

中国の消費者金融分野では近年、シンジケートローン（協調融資）の形態が拡大してきている。アント・グループが融資するのはこのシンジケートローンの1〜10％程度であり、大半は他の金融機関が融資を行う。そしてアント・グループの融資業務を支えるのは、Ａ

Ｉを用いた独自の信用リスク計測システムである。アリペイがビッグデータを用いたＡＩ信用判定を行い、それに基づいて他の銀行が貸出を実行する。この場合アント・グループは、プラットフォームを広く金融機関に提供する、まさにプラットフォーマーの役割を担っていることになる。

当局はアント・グループの融資業務のビジネスモデルを問題視

アント・グループは自身の融資を通じた金利収入とは別に、提携先金融機関の金利収入から15％前後の高いＡＩ信用判定の手数料を得ているという。

当局は、アント・グループが融資で過大なリスクを負っていることを警戒し、上場延期の発表当日に、自己資本の増額を求める新たな規制の導入を発表した。さらに２０２１年2月には、アント・グループを標的にしたと見られる、新たな規制が銀保監会（中国銀行保険監督管理委員会）によって発表された。この規制では、プラットフォーマーは銀行との協調融資額の少なくとも30％を自己資金でまかなうことが求められる。さらに、商業銀行がＩＴ企業と協調で行うオンライン融資への支出額に上限を設けられる。この新しい規制は、２０２２年から適用される。

以上で見てきたように、預金仲介、融資、決済の３分野で、当局はアント・グループなどのプラットフォーマーに対する規制を強化し、また、利益の圧縮を図っている。この３分野は、銀行の３大業務と呼ばれるものだ。銀行業務のまさに本丸に、金融機関ではないアント・グループなどプラットフォーマーがかなり侵食してきていたのである。それに伴う銀行の収益悪化は、金融システムの不安定化にも繋がりかねない。

そこで当局はいよいよ、銀行分野でのプラットフォーマーへの統制を、本格的に強化し始めたのだ。

アプリでの個人データ収集を規制

アント・グループなどプラットフォーマーが、金融業者を一気に脅かす存在となった背景には、本業で集めた膨大な個人データ、いわゆるビッグデータの存在がある。収集したビッグデータを分析し、それを金融サービスに活用することで、既存の金融業者に対して優位に立つことができたのである。その代表例が、前述した消費者金融向けのＡＩを用いた独自の信用リスク計測システムだ。アリペイを利用した個人の買い物履歴から、消費者向け融資のニーズを把握することなどが可能となる。

また、テンセントやバイドゥであれば、それぞれＳＮＳの投稿、ネットの閲覧及び検索の履歴から、個人の自動車や住宅の購入意欲、あるいは生命保険のニーズなど、顧客の需要を分析できる。その結果、自動車ローン、住宅ローン、生命保険といった商品を紹介することで、銀行や保険会社に対して優位に立つことができる。

当局は、アント・グループがユーザから収集している大量のデータを活用して莫大な利益を挙げ、既存の金融機関のビジネスを強く圧迫していることを特に問題視している。アリババグループ創業者のジャック・マー氏に対して当局は、大量の個人データを共有するように長年働きかけてきたが、同氏はそれに抵抗を続けてきたと言われている。

２０２０年12月に国家インターネット情報弁公室は、ネット企業がスマートフォンなどのアプリを通じて個人情報・個人データを集める行為を規制する、新たな指針案を公表した[23]。ネット企業が個人情報等を収集する際には利用者の同意を必要とする他、サービスに関係のない個人情報等を集めることを禁じるものだ。アリババグループなどの巨大ネット企業を主なターゲットにした新たな規制だ。

多くの大手ネット企業のほとんどのアプリがこれまでも、利用開始時に個人情報を収集することに対して同意を得ていた。ただし、サービスに直接関連しない内容の個人情報も併せて収集してきたアプリは、少なくないと見られている。

国営通信の新華社は、「必要範囲を超えて情報を集めるという問題があり、漏えいや乱用のリスクがある」として、こうした新たな規制を設けることの意義を強調している。

今後は、アント・グループの利益拡大の源泉となる個人データの収集は強く規制されていくだろう。また、アリペイの決済サービスを通じて獲得した個人データを、消費者金融などその他の金融サービスに利用することを禁じる措置が講じられる可能性もあるのではないか。

第3節 デジタル人民元にアリペイ潰しの狙いも

アリペイとウィーチャットペイの寡占状態を崩す

アント・グループの創業以来の中核ビジネスであるデジタル決済分野にも、いよいよ規制強化の動きが及んできた。中国人民銀行は２０２１年1月20日に、電子決済分野での金融リスクの防止などを理由に、銀行以外の決済事業者に対する規制を強化する条例案を公表した。これは、アリペイとウィーチャットペイを標的にしている。

同条例案では「独占」の定義を明確化して、（ⅰ）1社の市場シェアが、全体の2分の1に達した場合、（ⅱ）2社の市場シェアが3分の2に達した場合、（ⅲ）3社の市場シェアが4分の3に達した場合に、それぞれ「市場支配的地位」に相当すると判断して国務院の独禁法当局が審査を行うと定めている。さらに、競争原則が順守されていないと判断された場合には、事業分割などの是正措置が命じられる。[24]

調査会社の艾瑞諮詢（アイリサーチ）によると、２０２０年第2四半期（４～６月）のモバイル決済市場シェアはアリペイが55・６％、ウィーチャットペイが38・８％に達している。以上の値では、両社がこの新たな規定に抵触する可能性が出てくる。

ただし、当局が定める規定が、電子決済分野にアリペイなどのＱＲコード決済だけでなく、銀行カード系などの電子決済も含めるならば、「市場支配的地位」に相当するのは、非銀行系の決済事業者ではいないと判断される可能性があるとの指摘もある。アリペイ、ウィーチャットペイの決済業務が、この規制によってどの程度の影響を受けるかは、まだよくわかっていない。

他方で、アリペイ、ウィーチャットペイのライバルも続々と生まれてきている。２０２１年1月19日には、中国の動画共有アプリ「抖音」（ＴｉｋＴｏｋ／ティックトック）のモバイル決済サービス「ＴｉｋＴｏｋペイ」がリリースされた。ＴｉｋＴｏｋアプリ内でのショッピングが、このＴｉｋＴｏｋペイでも決済できるようになったのである。これは、銀行カードと紐付けることができるという。

他にも当局は、２０１９～２０２０年、多くのＩＴ企業にデジタル決済サービスを認めている。生活総合サービスの「美団」、配車アプリの「滴滴出行」、ネット通販の「京東商城」、ショートビデオの「快手」、オンライン旅行の「携程旅行網」などである。当局は本気で、デジタル決済分野でのアリペイ、ウィーチャットペイの独占状態の解消に動き始めているのである。

デジタル人民元発行でアリペイ等の影響力低下を狙う

さらにフィナンシャル・タイムズ紙は、「中国人民銀行は、デジタル人民元の発行を通じて、アリペイ、ウィーチャットペイの国内キャッシュレス決済市場における圧倒的な地位を弱めようとしている」と報じている[25]。

中国のモバイル決済市場は、２０２０年に１４０兆元（約２１６０兆円）に達した見込みだ。その市場を、アリペイ、ウィーチャットペイの二者がほぼ独占しているのが現状である。

両者がモバイル決済市場を牛耳るのを助けたのは、中国人民銀行の前総裁である周小川氏だとの指摘もある。そのため、２０１８年3月の周小川氏の退任とともに、それを問題視する意見が政府内あるいは銀行界で高まったのだろう。

一方で、カード決済大手の中国銀聯（ユニオンペイ）を介した２０１９年の決済額は

１８９兆元に達しており、モバイル決済市場の規模を上回っている。この点から、アリペイ、ウィーチャットペイは、小口決済市場での自らの影響力は限定的であり、銀行の影響力は依然として大きいと主張している。また、銀行が十分にすくい上げていない個人や中小企業のニーズ、つまりデジタル決済のニーズを満たしている点で、自らと銀行とは補完的な役割を果たしているともしている。

しかし当局は、デジタル決済分野における銀行の遅れを問題視しており、それが、デジタル人民元の発行を急ぐ理由の一つになっていると考えられる。

アリペイなどは、銀行の決済システムに依存した形のデジタル通貨、スマートフォン決済であるが、利用していくうちに、ユーザは銀行の決済サービスを利用しているとの意識が薄れていく。

こうした状況が、利用者の間で銀行の存在感を薄れさせ、ＣＩ（カスタマー・インターフェイス／顧客接点）の低下を引き起こし、銀行ビジネス全体の逆風に繋がる。

そこで中国当局には、デジタル人民元の発行を通じて、デジタル決済分野での銀行の存在感を高めたいとの狙いがあるのではないか。

アリペイ、ウィーチャットペイの顧客を徐々に奪っていく

デジタル人民元発行の最大の狙いは、第2章で見たように、中国の人民元国際化の起爆剤とすることであり、米国の通貨・金融覇権を打ち破ることにあると考えられる。それに加えて、デジタル決済分野で銀行を助けることが第2の狙いだろう。短期的には、後者の狙いの方がより重要であるかもしれない。

当局は、アリペイ、ウィーチャットペイを一気に潰してしまうことも可能ではある。しかし、多くの国民が既にそれらを利用しており、まさに生活の一部になっていることを考えれば、それは国民の社会生活に大きな打撃を与えてしまう。そこで同じデジタル通貨であり、第1章で見たように、アリペイ、ウィーチャットペイ以上に便利な機能を搭載したデジタル人民元を発行し、顧客を次第に奪っていく狙いなのだと考えられる。

そうすれば、アリペイやウィーチャットペイが独占している決済データを分散させる、あるいは国家が吸収することが可能になる。国家が個人の決済データをより多く収集することは、国内決済システムの管理強化、行政サービス一般の向上、あるいは国民統制の強化に資するだろう。

第4節 中国プラットフォーマー規制の先進国への影響

金融プラットフォーマー規制で中国は先行

欧米や日本など先進国でも、近年、プラットフォーマーに対する規制が強化される方向にあり、ここまで述べてきた中国での動きは、先進国と歩調を合わせているようにも見える。しかし、先進国の規制強化の目的は、プライバシー保護、独占の排除を通じた市場機能（競争条件）の回復、世論操作の排除などにある。

かたや中国の場合は、大きくなり過ぎて国家統制の体制に悪影響を及ぼしかねないプラットフォーマーの力を削ぐという点に最大の力点があるだろう。先進国と中国では、プラットフォーマーに対する規制強化の目的が異なっているのだ。

また、米国あるいは日本では、当局が非金融機関の金融分野への参入を受け入れ、場合によっては積極的に促す方向にある。それにより日本は、金融分野でのイノベーションや市場競争を促進し、ユーザの利便性向上を狙っているのである。そのために、金融機関と金融プラットフォーマー（あるいはフィンテック企業）が同じ条件のもとで競争できる法体系を整える方向にある。

一方中国では、当局が黙認している間に、アント・グループなど金融プラットフォーマーが急成長を遂げ、既存の金融業者のビジネスを大きく圧迫することになった。結果、それまで中国で段階的に行われてきた金融プラットフォーマーに対する規制強化が、昨年末から急加速しているのは既に見た通りだ。その中で、金融プラットフォーマーは、既存の金融監督の枠組みに取り込まれていくことになる。

先進国でも、金融プラットフォーマーの金融分野への参入を認める上で、自己資本規制など金融機関並みの規制を受け入れさせることが交換条件となる。この点から、中国での動きは、先進国での将来の金融行政の姿を先取りしている側面もあるのではないか。

プラットフォーマーは決済業務を入り口にさらに金融業務を拡大

プラットフォーマーが金融業に参入する際に入り口（ゲートウェイ）となりやすいのが、

支払い、送金などのいわゆる決済業務だ。

ただし一般にプラットフォーマーは、決済業務だけでは満足せず、いわばその習性に従い、欲望の赴くままに業務分野を拡大し、様々な業務を融合させて相乗効果を生み出すことを目指すのである。これがプラットフォーマーの基本的なビジネスモデルだ。米SNS大手のフェイスブックは、ディエム（旧リブラ）の発行で決済業務に参入した後には、それを足掛かりにしてその他の金融分野へと業務を拡大させる計画を持っている可能性がある。

アント・グループの急成長でもわかる通り、プラットフォーマーが金融分野に参入する場合、既存の金融機関に対して容易に優位に立つことができる可能性がある（第6章）。この点は、金融当局が強く警戒する点だ。既存の金融業がプラットフォーマーに駆逐されていった場合、金融システムの不安定化、金融サービスコストの上昇、独占による顧客の利便性低下など、様々な問題を生みかねないからだ。

先進国の金融当局も、自らの将来の金融プラットフォーマー規制のあり方を考える上で、中国当局の動きを注視しているはずだ。

第5節 中国で進む統制強化と「国進民退」

「後出しじゃんけん」の独占禁止法適用

既に見たように２０２０年11月、アント・グループの上場延期の決定から数日後、巨大ネット企業の独占的な行為を規制する、新たな指針の草案が当局から公表されたが、中国で独占禁止法が施行されたのは、実は２００８年のことだ。しかし、今まではアリババのような巨大ネット企業やプラットフォーマーは、事実上、この独占禁止法の対象から外されてきた。

高いイノベーションを持つ新たな産業を育てる観点から、当局は、そうした企業、産業を放任し、法的にグレーな部分も黙認する。そして、独占などの看過できない問題が浮上してから初めて、管理・規制の強化に乗り出すのである。こうした姿勢は「先放後管」と呼ばれ、中国政府のいわば常とう手段である。「後出しじゃんけん」とも言えるだろう。

アント・グループは大きくなり過ぎて国家の統制に障害か

その後、アント・グループが金融持ち株会社を設立し、金融事業の大半を移管することを検討していると報じられたが、直前の２０２０年12月27日には、中国人民銀行の潘功《はんこう》勝《しょう》副総裁がこの件で記者会見を行っている。それによると、中国人民銀行など規制当局はアント・グループに対して、不健全な企業統治、当局要請の軽視、市場での独占的な立場を利用して同業他社を排除したこと、消費者の利益を損ねたことなどを問題視していると指摘した。その上で、与信と保険、資産運用業務などの金融規制違反の是正や、個人情報保護のための信用格付け事業の再編を要請したという[26]。

さらに同副総裁は、「アント・グループは十分な資本の確保と規制順守のために、持ち株会社の設立が必要」「個人向け与信事業を展開するための免許が必要であり、決済取引に関する透明性を高め、公平な競争を阻害すべきでない」といった主旨の発言をしている。

また、同年末の中央経済工作会議で、同副総裁はアント・グループへの行政指導について、巨大ネット企業、プラットフォーマーを念頭に置いた、２０２１年の重要な経済政策方針「独占禁止と資本の無秩序な拡大防止」に沿ったものであると説明している。つまり、「法とルール」に従った措置であることを強調したのである。

そしてその措置の狙いを、「法律・規定に従い金融市場主体を監督管理し、違反行為を厳しく取り締まるためであり、資本の無秩序拡張に対する制約を強化し、公平な競争と金融市場の秩序を守るためだ」と説明している。[27]

さらに注目されるのが、同副総裁の次の発言である。[28]

「アント・グループは設立以来、フィンテックの発展や金融サービスの効率・包摂性向上で革新的役割を果たした。フィンテックとプラットフォーム経済分野で重要な影響力のある企業としてアント・グループは国の法律・法規を自覚して順守し、企業の発展を国家発展の大局と融合し、企業の社会的責任を確実に担わなければならない」。

アント・グループの革新的役割と影響力の大きさについては正直に認めつつも、「その発展が国家の発展と必ずしも整合的ではなく、また社会的責任を十分に果たしていない」との問題意識を、同副総裁はここで語っているのだ。「民営企業（民間企業）も国家の発展のためにあるべき」との考えだろう。

習近平体制下で顕著となった「国進民退」

2021年の経済政策である「独占禁止と資本の無秩序な拡大防止」にある「資本の無秩序な拡大防止」という表現には、習近平国家主席下で「国進民退（国営企業が躍進し、民営企業が後退する現象）」の流れをさらに進めるという強い意志と、もはや民間企業に勝手な行いを許さないという強い決意が感じられる。

そこで次は、習近平国家主席のもとで進行してきた「国進民退」の動きを振り返ってみよう。

長らく国有企業の効率性の低さが問題視されてきた中国では、1990年代に、政府による国有企業の民営化などの改革が進められた。しかし、習近平体制となってからはその改革の勢いは失われ、逆に国有企業の強化が図られている。政府による経済の統制強化の傾向が強まっているのである。

習近平国家主席は、共産党の指導体制こそが中国の「奇跡の高成長」をもたらした原動力だとして、その維持、強化を志向している。他方では、米国との間で生じた激しい貿易摩擦によって、海外に依存するサプライチェーン（供給連鎖、供給網）を見直し、できる

図表4-1　中国の鉱工業分野における企業別売上の推移(売上額シェア)

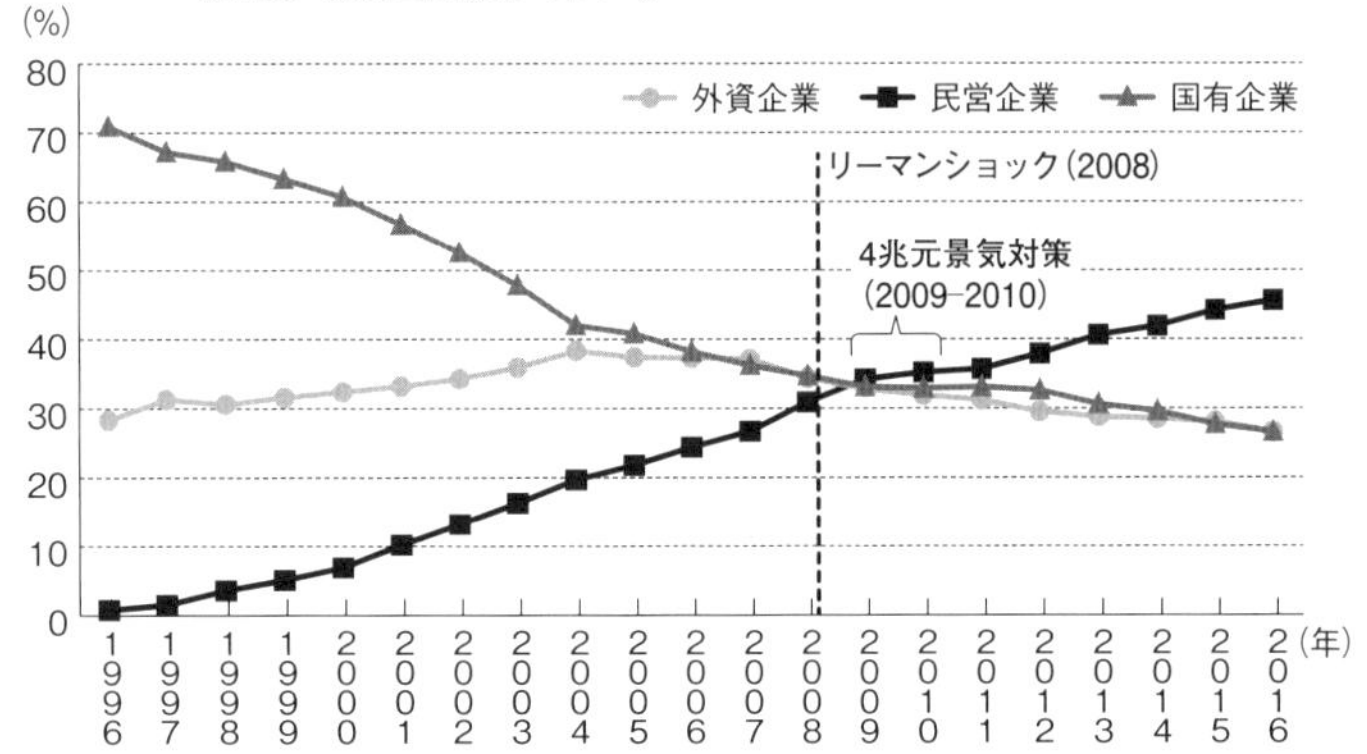

(出所)経済産業省「通商白書2018年版」(中国国家統計局「中国統計年鑑」より経済産業省作成)、CEIC databaseより野村総合研究所作成

だけ自国内で完結できるように、「自力更生」を進める必要に迫られている。例えば、ハイテク製品に必要な部品の海外からの供給が制約を受ける中、半導体の内製化を一気に進めている。

　こうした習近平国家主席自身の経済思想と外的要因の2つが重なり、中国では、政府・党の影響力が直接的に及ぶ国有企業を重視する傾向が強まっていったのである。その反面、民営化などの国有企業改革は停滞してしまった。

　そこで次に、中国経済における国有企業の位置付けを、民営企業(民間企業)、外資企業との比較などを用いて数字で浮き彫りにしてみよう[29]。

　1990年代末頃から、中小規模を中心

に国有企業の統合や民営化が進められてきたことで、国有企業の数や売上高の構成比は低下した。1996年時点では、鉱工業分野での売上高に占める国有企業の比率は約7割、外資企業は約3割、民営企業はほぼゼロだったが、その後、国有企業の比率は低下する一方で、民営企業の比率は高まり、2000年代末には両者が逆転している。しかし、国有企業の売上高比率は、2016年時点でも全体の3割弱の水準を維持しており、なお存在感を失ってはいない（図表4－1）。

際立つ国有企業の収益性の低さ

2016年の企業数の構成比を見ると、国有企業は1割にも満たないが、平均の企業規模は大きく、売上高、利益額、雇用者数では全体の2～3割を占めている。また、資産額、負債額の構成比はともに50％前後にも達しており、バランスシートの大きさが際立っている。

一方で、収益性の低さが際立っているのが、国有企業の大きな特徴だ。2016年時点で、民営企業の利益率（総利益額÷総資産額）は10％強、外資系企業は8％強であるのに対し、国有企業は3％程度に過ぎない。国有企業の利益率の低さが特に際立っているのは、鉱業（鉄）、窯業土石、鉄鋼、非鉄金属、金属製品など、素材型業種である。

また、中国の成長モデルの変遷を考える上でも、国有企業、民営企業、外資企業の三者の構成の変化は、重要な示唆を与えてくれる。輸出に占めるそれぞれのシェアの変化を見ると、1995年時点では国有企業の比率が6割を超えていたが、その後は低下の一途を辿る。かたや、外資企業（地場企業との合併も含む）の比率は高まり、2005年のピーク時には6割近くに達した。これは、2001年の中国のWTO（世界貿易機関）加盟以降、外資企業が中国で製造した製品を輸出するという、外資主導での輸出型成長モデルの傾向が強まったことを裏付けている。

しかし、その後は民営企業による輸出の比率が高まり、現在、輸出全体の4割強と最大になっている。

中国経済を支える民営企業

中国経済は、中国に進出した外資企業が海外から比較的高い付加価値の部品・材料を輸入し、人件費の安い中国人労働者を使って生産した完成品を海外に輸出するというモデルのもとで成長してきた。そのため、当初は、付加価値額の国内比率は小さかった。

図表 4-2　**中国の企業別の貿易収支**

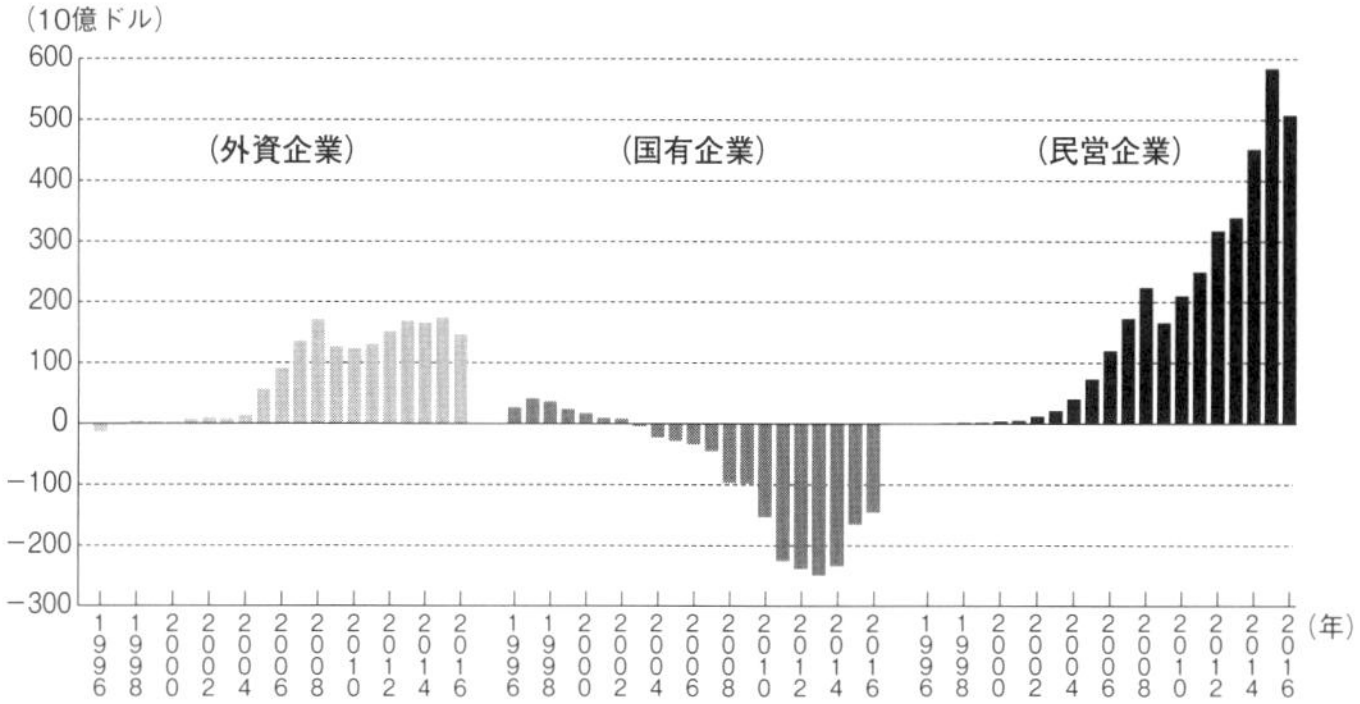

（注）外資企業には、100%外資出資企業のほか、地場企業との合弁企業も含む
（出所）経済産業省「通商白書2018年版」（中国海関総署資料より経済産業省作成）、CEIC database、Global Trade Atlas より野村総合研究所作成

しかしその後は中国企業、特に民営企業が部品・材料の供給、及び製品の組み立て、輸出までを担うことが増えていき、中国企業に帰属する付加価値額の比率も高まっていった。

中国は、中国企業自らが輸出で儲けるモデルへと転換していったのである。それを主導したのは国有企業ではなく民営企業であった。

この点は、企業別の貿易収支を見れば明らかだ。国有企業の貿易収支は、１９９０年代半ば以降、ほぼ一貫して悪化傾向を辿り、２０１７年時点では１０００億ドルを大きく上回る赤字である。

外資企業は２０００年代半ば以降、貿易収支を改善させ、２０１７年時点では

１０００億ドルを大きく上回る黒字となっている。これに対して、民営企業の貿易黒字は２０１７年時点で５０００億ドルを上回っている（図表４－２）。

中国経済は、民営企業が貿易で儲ける傾向を一段と強めてきている。こうした中、政府が影響力をより行使しやすい国営企業の役割が、改めて問われることになっているのが現状だ。

国家統制と市場経済の微妙なバランスが崩れるか

こうした現状を踏まえると、習近平国家主席のもとでの「国進民退」の傾向は、近年の中国経済の成功の要因を自ら潰してしまいかねない危うさを抱えていると言える。

１９７０年代末以降の長きにわたる中国経済の高成長は、国家統制と市場経済の微妙なバランスの上に成り立っていた。今後、再び国家統制色を明確に強めていく中でも、中国経済がイノベーションに支えられた高い成長ペースを維持できるのかは、不確実性が増している。

国家統制の強化は製造業に限らない。既に見たように、政府は巨大ＩＴ（民営）企業のアリババグループ、その傘下のアント・グループなどに対する規制を強化し始めている。

これにより、決済の仕組みやデータの利活用などの新しいイノベーションを生み出す力は、削がれていってしまうのではないか。それは、中国経済の潜在力を損ねるリスクをはらんでいるだろう。

民営企業が主導する形で進んできた近年の中国経済の奇跡の発展は、習近平国家主席のもとで、大きな曲がり角を迎えている。

17　China Blocked Jack Ma's Ant IPO After Investigation Revealed Likely Beneficiaries, *Wall Street Journal*, February 16, 2021

18　"Jack Ma Makes Ant Offer to Placate Chinese Regulators", *Wall Street Journal*, December 20, 2020

19　「中国が進める金融リスク一掃、標的は世界一のフィンテック市場」（１）、（２）、ChinaWave 経済・産業ニュース、２０２１年１月29日

20　ChinaWave 経済・産業ニュース、２０２０年12月21日

21　「特集2　アリペイの真実　幻の30兆円上場」、週刊ダイヤモンド、２０２０年12月12日

22　「人民銀が『アント持ち株会社設立』報道認める、企業価値半減も」、亜州リサーチ、２０２０年12月30日

23　「中国、個人情報の収集規制　巨大ネット企業を警戒」、中国新聞セレクト、２０２０年12月5日

24　「中国：決済事業者の規制強化へ、シェア過半で『独占』審査」、亜州リサーチ 中国株ニュース、２０２１年１月21日

25　China aims to level field of digital pay, *Financial Times*, August 4, 2020

26　「中国当局、アントに事業の抜本改革を要請 馬雲氏への圧力強める」、ChinaWave 経済・産業ニュース、２０２０年12月29日

27　「アント指導状況説明　潘功勝人民銀副総裁」、新華社ニュース、２０２０年12月28日

28　「アント指導状況説明　潘功勝人民銀副総裁」、新華社ニュース、２０２０年12月28日

29　経済産業省「通商白書２０１８年版」

第5章

世界で動き出す中銀デジタル通貨構想

第１節

中銀デジタル通貨の議論の系譜を辿る

世界で高まる中銀デジタル通貨の議論

中国がデジタル人民元の発行準備を着実に進める中、他の主要国でも中銀デジタル通貨の議論が高まっている。中央銀行相互の決済や、中央銀行の政策と国際協力への支援などを行うＢＩＳ（国際決済銀行）と、日本銀行を含む７つの中央銀行は、中銀デジタル通貨の共同研究を進めており、２０２０年10月には「中央銀行デジタル通貨：基本的な原則と特性」と題する報告書[30]を公表した。そこでは、中銀デジタル通貨の発行が検討される背景や課題などが整理されている。これと同時に日本銀行が、その１週間前にはＥＣＢ（欧州中央銀行）が、それぞれ同様の報告書を相次いで公表した。

主要国の中央銀行が、中銀デジタル通貨の研究を本格的に始めるきっかけとなったのは、ビットコインの登場だった。この仮想通貨がマネーロンダリングなどの犯罪に使われたり、それが各国の現金や銀行預金にとって代わることを警戒し、各国は中銀デジタル通貨の発行を検討し始めたのである。

スウェーデンが一時フロントランナーに

一時期までは、他の中央銀行に先んじていたのが、スウェーデンの中央銀行（リクスバンク）による中銀デジタル通貨ｅ－ｋｒｏｎａ（イークローナ）構想だった。２０１６年にリクスバンクは同構想を正式に表明し、２０１７年にはその導入に向けた３段階の工程表を公表していた。

ただし他の主要国とはやや異なり、そこでの議論は、ビットコインへの対抗というよりも、国内での現金利用の急速な減少への対応という側面が強かった。スウェーデンでは、ノーキャッシュ（現金お断り）の看板を掲げる店も少なくないほど、キャッシュレスが社会に浸透している。スウェーデンは、１６６１年に「世界で初めて国に承認された紙幣を中央銀行が発行した国」とされるが、それが、「世界で初めて現金が消滅する国」とも言われるようになったのである。

スウェーデンでの現金発行額は対ＧＤＰ比でわずか１・３％（２０１８年）と、日本の約20％と比べて格段に小さい。比率がここまで低下した背景には、現金利用に伴う脱税の抑制、現金発行や輸送に関わるコストの削減、銀行強盗など犯罪の抑制、などの狙いから、政府、中央銀行、民間銀行の三者が協力してキャッシュレスを強力に進めたことがある。そして、現金に代わって個人の支払い手段を担っていったのが、大手民間銀行が関与するスウィッシュ（Ｓｗｉｓｈ）と呼ばれる携帯電話での決済システムだ。

しかし、キャッシュレスが進み、コスト削減のために銀行がＡＴＭを次々に撤去していくと、ＩＴに不慣れで現金しか利用しない高齢者などからは、強い不満が出るようになった。そこでリクスバンクは、スウィッシュよりも使いやすいモバイル決済手段の開発を計画し始めたのである。これが、イークローナ構想だ。

スウェーデンでは、主に、全ての人が銀行サービスにアクセスできるようにする金融包摂（ファイナンシャル・インクルージョン）の観点から、中銀デジタル通貨の発行が検討されているのだ。

発行の決断には慎重なスウェーデン

ところがスウェーデンでは、中銀デジタル通貨の発行についての慎重な議論が、今もなお続けられている。リクスバンクは2020年からイークローナが機能するかどうかの実験運用を始めているが、その期間は最長で7年間と設定されており、いつ発行を決めるのか全くわからない状況である。

スウェーデンでの議論がこれほどまでに慎重に進められているのは、中銀デジタル通貨発行には技術面、法制面などで数多くの課題があるからに他ならない。また、発行した後に技術面での深刻な問題が生じれば、中央銀行のレピュテーション（評判）にも大きな傷がつく。民間事業者のように、「失敗したら撤退すれば良い」ではすまない。中央銀行にとって、中銀デジタル通貨の発行は、そう簡単には決められるようなものではないのだ。

スウェーデンが中銀デジタル通貨の発行を決めかねている間に、次に見るようにフェイスブックのリブラ計画が浮上し、また中国のデジタル人民元の発行計画も打ち出された。さらに欧州でもデジタルユーロ発行の検討が始まっている。外部の環境が急速に変化を遂げ、スウェーデンが発行に際して検討しなければならない課題が、さらに積み重なってしまっているのである。

現金が急速に減少している現状に鑑みれば、スウェーデンはいずれ中銀デジタル通貨の発行に踏み切る可能性は高いように思えるが、その時期はずれ込み続け、主要国の中でのフロントランナーの地位は失われてしまった感が強い。

リブラ計画の発表で状況が一変

価格の変動が激しいビットコインなどの仮想通貨が支払い手段として広くは使われにくいことが明らかになり、中央銀行にとっての大きな脅威ではなくなると、各国での中銀デジタル通貨の議論は一時ペースダウンしていった。そうした状況を一気に変えたのが、2019年6月にフェイスブックが打ち出した、新たなデジタル通貨・リブラの発行計画だった。

リブラは当初、主要国通貨のバスケットでその価値が決まり、国境を越えて広く使われることを狙った「グローバル・ステーブルコイン」として設計された。価格を安定化させ、ビットコインなど仮想通貨の欠点を補うものだ。世界で27億人と、世界人口の3分の1程度が利用しているフェイスブック関連アプリ上で取引できるリブラは、国境を越えてグローバル通貨として広く利用されるようになる、極めて大きな潜在力を持っていたのである。

銀行口座を持たない成人、いわゆるアンバンクト（unbanked）は世界で17億人いるとされるが、その中で携帯電話・スマートフォンを持っている人は３分の２に達する。その人たちは、リブラを使えば、銀行口座を持っていなくても送金などの金融サービスを利用できるようになる。このように、リブラはユーザの利便性を高め、金融包摂に貢献するという点を、フェイスブックは強くアピールした。

しかし、まさにこうした点にこそ、金融当局の大きな懸念があったと言える。その利便性の高さから、リブラは世界中で一気に利用が広がり、各国の金融政策や金融システム、国際資金フローに悪影響を与えることが懸念された。また、国境を越えた利用が拡大すれば、マネーロンダリング対策など、金融当局の監視の目が届きにくくなる。

リブラ計画を修正することで存続させる道を選んだ

第1章でも述べた通り、このリブラ計画を受けて２０１９年、中国の中央銀行は「デジタル人民元を近い将来発行する」との考えを突如打ち出すことになる。リブラを警戒し、デジタル人民元の発行計画を前倒しにしたのである。

また、世界の金融当局も、一斉にリブラ計画に対して強い懸念を示した。リブラが持つ金融包摂を促すという社会的な意義は否定できないため、金融当局者らは計画を力ずくで潰すことはできなかったが、リブラ計画について多くのリスク、懸念を指摘し、強い牽制を続けたのである。本音のところでは、こうした牽制を受けて、フェイスブックがリブラ計画を自ら白紙撤回することを望んでいたのではないか。

それに対してフェイスブックは、リブラ計画を撤回せず、代わりに計画の修正を決めた。妥協してでもリブラ計画を存続させる道を選んだのである。

２０２０年４月に、フェイスブックが主導するリブラ協会は、「Ｌｉｂｒａ２・０」と命名した修正リブラ計画を突如発表した。それまでフェイスブックは、金融当局らと密かに水面下で交渉を続け、彼らに受け入れられる妥協点を探っていたのである。

リブラは、グローバル・ステーブルコインという当初の計画を大きく軌道修正し、まずは単一通貨のデジタルコインとして発行する方針に転じた。つまり、デジタルドルやデジタルユーロなど、単一通貨にその価値が連動するデジタル通貨の取引を、そのプラットフォーム上で行う形態から始めることにしたのだ。また、中銀デジタル通貨の取引をリブラのプラットフォーム上で行うことも、検討されている。

各デジタル通貨がそれぞれ自国内で使われるのであれば、既に各国で広まっているスマートフォン決済などとの違いはほとんどなくなる。それは、グローバル通貨というリブラの最大のメリットを捨てるということになる。

ただし、リブラ協会あるいはフェイスブックは、いずれは、複数通貨のバスケットで価値が決まるグローバル通貨を発行するという夢は捨てていないだろう。

フェイスブックが主導するリブラ協会は、２０２０年12月に、リブラの名称をディエム（Ｄｉｅｍ）に変更することを発表した。リブラはラテン語で天秤を意味するが、ディエムは同じラテン語で日（ｄａｙ）を意味する。金融当局の批判によって低下したイメージの改善を狙ってのことだろう。

２０２１年中にも、ドルに連動するディエムの第一弾が発行される見通しである。ただし利用できるのは、米国や中南米の一部の国に限られるという。

ビットコインを起点にドミノ倒しの様相に

フェイスブックがリブラ計画を修正したことで、主要国の金融当局者らの警戒感は緩和されていった。それに代わって彼らの警戒の対象となったのが、デジタル人民元であった（第1章）。

そこで、デジタル人民元が自国や近隣諸国へと影響力を拡大するのを防ぐために、自国での中銀デジタル通貨発行を検討し始める国が出てきた。先進国の中央銀行の間では、中

図表 5-1　**中銀デジタル通貨の「ドミノ倒し」の構図**

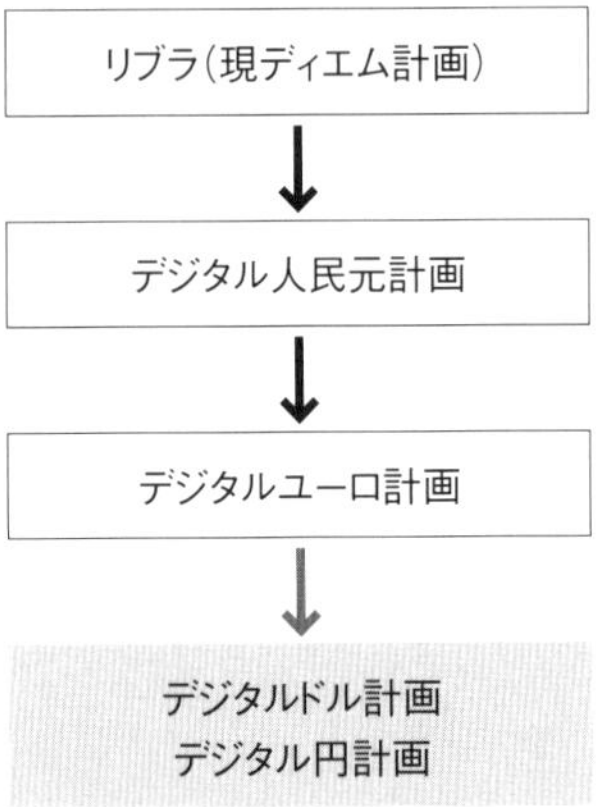

（出所）各種資料より野村総合研究所作成

銀デジタル通貨の技術や仕組みで、中国が世界の標準（スタンダード）を握ることを強く警戒し、それが中銀デジタル通貨の発行検討の動機となっている面もある。そして、現時点で中銀デジタル通貨の発行に最も前向きであるように見えるのは、ユーロ圏である。

　このように、ビットコインを起点にして、あたかもドミノ倒しのように、中銀デジタル通貨の発行計画が各国で促されてきたのである（図表５－１）。

第2節 中銀デジタル通貨発行の狙いは各国様々

BISが各国の中銀デジタル通貨について調査

「中央銀行のための銀行」とも呼ばれる国際組織のＢＩＳは、各国中央銀行に対して、中銀デジタル通貨の取り組みや発行計画などを問うサーベイ調査を毎年実施している。

最新の２０２０年分の調査の実施時期は２０２０年10－12月期で、65の中央銀行（先進国21、新興国44）から回答を得ているが、これは世界の人口の72％、世界の経済規模の91％に相当する国の中央銀行だ。その結果が２０２１年1月に公表された[31]。

それによると、新型コロナウイルス問題に大きく妨げられることなく、多くの中央銀行で、中銀デジタル通貨に関する調査・研究が一層進められているようだ。さらにその内容についても、思考実験から実証実験へと新しい段階へ進んでいる国が増えてきている。

ただし、中銀デジタル通貨発行への取り組み方は国によって異なっており、一様ではない。以前の調査でもそうであったが、概して新興国の中央銀行の方が、中銀デジタル通貨の発行により前向きな傾向が見られる。その一つの理由は、銀行口座を持たない国民が多い新興国では、中銀デジタル通貨の発行によって、国民が等しく利便性の高い金融サービスを受けられる「金融包摂」を実現できるとの考えが強いためだ。

最近では、2020年10月にカリブ海の国バハマが、本格的な中銀デジタル通貨「サンドドル」の発行に踏み切っている。

デジタル通貨に取り組む中央銀行は全体の86%まで上昇

先ほどのBISの調査結果をさらに詳しく見ていこう。

向こう3年程度のうちに中銀デジタル通貨を発行する可能性が高い(likely)とした回答の比率は、2019年時点での10%程度から大きく変化していないが、可能性がある(possible)との回答比率は、2019年の14%程度から2020年には21%程度へと増えている。具体的には、世界の人口の約2割をカバーする地域の中央銀行が、向こう3年のうちに中銀デジタル通貨を発行する予定と回答している。

しかしながら、依然として全体の60％の中央銀行は、近い将来に中銀デジタル通貨を発行する予定は未だないという。

他方で、中銀デジタル通貨に関連する業務（調査・研究を含む）に取り組んでいると回答した中央銀行は、２０１７年調査では65％、２０１８年では70％超、２０１９年では80％程度だったのが、２０２０年には約86％にまで達している。中銀デジタル通貨への関心は、各国中央銀行の間で急速に高まってきているのは確かだ。

さらに、中銀デジタル通貨の調査・研究段階については、実証研究の比率が２０１９年の42％から２０２０年には約60％へと一気に高まっている。

中銀デジタル通貨の研究・調査など、関連する業務に取り組んでいないと回答した中央銀行の多くは、その理由に、「中銀デジタル通貨の発行を決める法的な権限を有していない」という点を挙げている。

法的権限を持っていないと回答した中央銀行は全体の約26％で、これは、法的権限があるとする回答とほぼ同水準である。他方で、（法的権限があるかどうか）不明との回答は48％で半分近い水準である。このことから、中銀デジタル通貨の発行に関する法的権限の曖昧さが大きな課題、あるいは障害となっていると言えるだろう。

中銀デジタル通貨の発行を検討する動機については、先進国の中央銀行と新興国の中央銀行との間で最も乖離しているのが、既に述べた金融包摂である。新興国の方が、金融包摂の推進のために中銀デジタル通貨の発行を前向きに検討する傾向が明らかに強い。例えばバハマの場合には、39万人の全人口が30の島々に分散しており、国民が銀行、ＡＴＭから現金を入手するのが簡単ではない環境にある。また、銀行口座を持っていない国民も少なくないだろう。そこで、スマートフォンなどで簡単に利用できるデジタル通貨を中央銀行が発行すれば、国民の利便性をかなり高められる。

また、新興国の中央銀行にとっては中銀デジタル通貨にマイナス金利を付けることによる金融緩和の効果向上や金融システムの安定、決済の効率性の向上なども、中銀デジタル通貨の発行を検討するより大きな動機となっている。

グローバル・ステーブルコインへの高い関心

中央銀行の間では、ビットコインなど仮想通貨への強い関心は見られない一方、より通貨価値が安定しており、国際間での決済に利用される可能性が高いフェイスブックが主導するディエムなど「グローバル・ステーブルコイン」への関心、あるいは警戒は高まっている。実際、ディエムなどが金融システムの安定に及ぼす影響などについて研究していると回答した中央銀行は、全体の３分の２にも及んでいる。特に警戒しているのは、国際決済（クロスボーダー決済）に広く利用された際の影響である。

以上の調査結果に表れているように、中央銀行の間で、中銀デジタル通貨への研究・調査は年々広がってきている。特に新興国の間では、中銀デジタル通貨発行への関心はかなり強い。

過半数以上の中央銀行が中銀デジタル通貨を発行する可能性は低いと回答しているが、これも今後の情勢次第では大きく変化するのではないか。特に注目しておきたいのが、ディエムと中国のデジタル人民元の発行の２つである。ディエムは２０２１年中にも、そしてデジタル人民元は２０２２年にも発行が見込まれている。

特にデジタル人民元が発行され、国境を越えて広く利用されるとの見通しが高まれば、各中央銀行の間では、それに対抗するため、中銀デジタル通貨の発行計画を前倒しにする動きが出てくるのではないか。

２０１９年にフェイスブックが当初のリブラ計画を発表したことが、中国にデジタル人民元の発行計画を早めさせたのが良い例である。デジタル人民元の発行が、先進国での中銀デジタル通貨発行への機運を一気に高める可能性も考えておくべきだろう。

中銀デジタル通貨発行に5つの狙い

今までの議論から既に明らかになっているように、中銀デジタル通貨を発行する目的、狙いは、実際には様々である。既に述べた点も含めて、その点を改めてここで整理しておこう。主な目的、狙いは次の5点と考えられる。

①民間デジタル通貨への対抗

中銀デジタル通貨発行の目的の第1は、民間デジタル通貨へ対抗するためである。主要中銀が中銀デジタル通貨発行の議論を始めるきっかけとなったのはビットコインだ。また、その後、発表されたフェイスブックが主導するデジタル通貨・リブラの発行計画によって、民間デジタル通貨への警戒感はより高まった。

民間デジタル通貨について懸念されるマネーロンダリングや個人情報流出のリスクなどは、中銀デジタル通貨でも起きうる問題だが、中銀デジタル通貨の方が、それらの問題への対策を施しやすい。そこで、いわばリブラ潰しを狙って、中銀デジタル通貨発行が検討されるようになったのである。中国のデジタル人民元、ユーロ圏のデジタルユーロがその代表格である。

②ドル覇権への挑戦

中銀デジタル通貨発行の目的の第2は、ドル通貨覇権への挑戦だ。その代表格が中国のデジタル人民元だ。中国にとっては、ディエムなどの民間デジタル通貨への対抗手段というよりも、こちらの目的の方が重要である。米国が牛耳るＳＷＩＦＴ（国際銀行間通信協会）とは別のシステムで利用されるデジタル人民元を、人民元の国際化の起爆剤とし、ドル通貨覇権に風穴を開ける戦略があるだろう。

中国のデジタル人民元だけでなく、ユーロ圏のデジタルユーロ構想にも、ドル通貨覇権への挑戦、あるいは是正という狙いがある。米国のトランプ前政権がドル安志向を強める中、ドル一極体制がもたらす弊害はより強まった。ドルが大幅に下落すれば、ドル資産を大量に持つ世界の銀行に大きな打撃を与える。またドル表示で取引される原油やその他原材料の価格急騰を招き、消費者や企業の経済活動にも大きな悪影響が及んでしまう（第6章）。デジタルユーロ構想にはユーロのプレゼンスを高めることで、ドル一極体制を変容させ、そのリスクを軽減させる狙いもあるだろう。

英国の中央銀行ＢＯＥのカーニー前総裁が２０１９年に提唱した、主要通貨のバスケットからなる中央銀行合成デジタル通貨構想にも、こうした意図が込められている。

③技術覇権・標準争い

中国は、ブロックチェーン技術で世界をリードすることを国家戦略に掲げている。その中核をなすのがデジタル人民元と当初は位置付けられていたと考えられる。ただしその後、ブロックチェーン技術の一部のみを用いる計画に修正された。それでも、デジタル人民元の発行には、米国など先進国を意識した決済システム上の技術覇権の確立という狙いがある。

中国が主要国で初めて中銀デジタル通貨を発行すれば、その技術や設計が世界の中銀デジタル通貨の標準となる可能性がある。中国にしてみれば、それも目的の一つになるだろうが、反対に先進国は強く警戒している。特に、欧州のデジタルユーロ構想には、中国が中銀デジタル通貨の標準となることを防ぐという目的があるだろう。

④金融包摂の助長

先にも述べた通り、新興国の多くが持つ目的がこれだ。２０２０年10月のカンボジアでの中銀デジタル通貨発行もこれが大きな目的である。現時点では、先進国よりも新興国の方が、中銀デジタル通貨の発行あるいは発行計画では先行しているが、それは、銀行口座を持たない国民が多いため、中銀デジタル通貨の発行を通じて金融包摂を促進する必要性が高いことが理由の一つである。

また、銀行口座を持たない人もスマートフォンで送金ができるようになるという社会的な意義を強くアピールしたのが、フェイスブックのリブラ計画だった。

⑤ユーザの利便性向上、キャッシュレス化の推進

デジタル通貨の利用や、クレジットカードなどを含めたキャッシュレス化の推進は、ユーザの利便性とともに、経済効率を高めることに貢献する。しかしながら、民間のデジタル通貨の場合、ユーザのニーズを十分に満たせなかったり、システム上の問題を含めて信用力が不十分だったりすると、その通貨の利用はなかなか広まらない。そこで、中央銀行が信用力の高い中銀デジタル通貨を発行することで、その利用を広げ、キャッシュレス化を進めたいとの目的がある。

主要国の中で小口決済でのキャッシュレス比率が突出して低い日本で中銀デジタル通貨の発行の是非を議論する際には、これが最も重要な論点である。しかし実際には、デジタル人民元への対抗という、全く異なる論点が政府・与党内では議論の中心となってしまっ

ているのが現状だ。この点については後に見ていこう。

デジタル人民元への危機感は共有

以上5つ以外にも、偽札対策、脱税対策なども目的として挙げられる。また中国では、金融プラットフォーマーの影響力を低下させる、いわば「アリペイ潰し」も、中銀デジタル通貨発行の狙いの一つと考えられる（第4章）。

このように、中銀デジタル通貨の発行を検討すると一口に言っても、国によってその目的、狙いは実に様々なのである。

本章の冒頭で見たように、BISと日本銀行を含む7つの中央銀行は、中銀デジタル通貨の共同研究、意見交換を行っているが、中銀デジタル通貨の発行に向けた姿勢には、各国でかなりの温度差があるのが現状だ。このグループに加わった各国・地域の中央銀行が、近い将来、足並みを揃えて中央銀行デジタル通貨の発行に向かうと考えるのは正しくない。

しかし、中銀デジタル通貨の分野で中国に覇権、世界標準を握られることへの警戒心は、ユーロ圏の中央銀行であるECBを筆頭に、各中央銀行に共通していることは確かだ。そして、各中央銀行が個々に中銀デジタル通貨を発行して国内で流通させるとしても、国際送金の分野では、ディエムなどの民間のグローバル・ステーブルコインに対抗できる競争力がない可能性もある。こうした国際決済の観点からも、各国は、中央銀行間での協力が非常に重要になるという認識を持っているだろう。

先進国での中銀デジタル通貨の発行に向けた姿勢を見ると、現状、ＥＣＢが最も前向きに見える。英国の中央銀行ＢＯＥがそれに次ぐかもしれない。それに対して、日本銀行は慎重な姿勢と見受けられる。それ以上に慎重なのがＦＲＢ（米連邦準備制度理事会）である（図表５－１）。

ただし、後述のように、そのＦＲＢの慎重姿勢にも足もとではやや変化が見られている。ＦＲＢが仮にデジタルドルの発行に舵を切る場合、それは世界の中銀デジタル通貨の発行に向けた動きを一気に加速させる、いわばゲームチェンジャーとなることは疑いがないところだ。

第３節 デジタル人民元に続くのはデジタルユーロか

ＥＣＢがデジタルユーロ発行に前向きに

フェイスブックが主導するリブラ計画と中国のデジタル人民元計画の双方に強く触発され、中銀デジタル通貨の発行で従来の慎重姿勢を一転させたのがＥＣＢだ。２０２１年中にも発行に前向きの姿勢を明らかにする可能性がある。

２０２０年１月、欧州勢が主導する形で、ＢＩＳと日本銀行を含む６つの中央銀行が中銀デジタル通貨の活用可能性を評価するためのグループを設立することが明らかにされた。後にＦＲＢがここに加わっている。

ＥＣＢが２０２０年10月に公表した「デジタルユーロの報告書」[32]では、デジタルユーロの設計に関して課題も多く示されている。デジタルユーロが国内銀行の預金を代替する、つまり預金を奪ってしまうことで銀行ビジネスに打撃を与え、金融システムを不安定にさせるリスクや、海外においてデジタルユーロが他国の法定通貨にとって代わってしまう、いわゆる「ユーロ化」のリスクが指摘された。

「ドル化」ならぬ「ユーロ化」を警戒するECB

ＥＣＢが使い勝手の良いデジタルユーロを発行すれば、ユーロ域外でデジタルユーロへの需要が高まり、資金が一気に流出する、あるいは域内に一気に還流するといったことが起きやすくなる。これは為替市場の変動を高め、ユーロ圏経済に悪影響を与えるだろう。また、海外でデジタルユーロへの需要が高まり、その発行が増えると、ＥＣＢのバランスシートが拡大する。その負債側にデジタルユーロの残高が増加し、資産側には民間銀行への貸出や民間銀行から買い入れた国債等の金融資産が積み上がることになるのだ。こうしたバランスシート拡大は、金融緩和効果を生む可能性があるが、ＥＣＢがそれを望んでいない局面では、ＥＣＢの金融政策運営をかく乱することになる。

さらに、ＥＣＢが強く警戒しているのは、海外でデジタルユーロの保有が拡大し、他国の経済、金融政策、金融制度に甚大な打撃を与えることだ。デジタル人民元がユーロ圏内や近隣国で利用されるのをECBは強く警戒しているが、同時に、ECB自身が同じようにいわば加害者となってしまうケースもまた心配しているのである。

デジタルユーロの海外での利用が広がる場合には、通貨価値が不安定で経済が脆弱な新興国では、その国の法定通貨をデジタルユーロがとって代わる可能性がある。小口での支払いや貯蓄にユーロが使われ、またユーロの口座が作られることにもなるのだ。それは、既に多くの国で起きている「ドル化（ダラライゼーション）」と同様に「ユーロ化」と表現すべきなのだろう。そうなれば、当該国での金融政策運営には深刻な支障が生じてしまう。

「デジタルユーロの報告書[33]」では、こうした事態を回避するためには、海外でのデジタルユーロの保有に制限を設けた上で、国際取引を、複数の国が導入する中銀デジタル通貨制度のもとでの複数通貨取引で実現することの是非も検討すべきだと述べている。

ドル化のメリットとデメリット

ここで、今触れたドル化について、やや詳しく見ておこう。ドル化とは、米国以外の国で米ドルがその国の法定通貨と並存、または法定通貨に代わって利用される状況のことをいう。

ドル化には、非公式のドル化（unofficial dollarization）と公式のドル化（official dollarization）の2種類がある。非公式のドル化とは、政府はドルを自国の法定通貨とは認めていないが、法定通貨の信認が低いなどの理由から、国民が勝手に貯蓄、投資、決済でドルを幅広く利用し始める現象だ。一方、公式のドル化は、政府がドルを自国の法定通貨として公式に認めるものである。

公式のドル化のメリットは、自国通貨安による輸入物価の急騰など、経済の混乱を引き起こす事態を回避できる点だ。また、自国通貨を支えるために、外貨準備を取り崩して為替介入を実施する必要もなくなる。結果、外貨準備の不足による通貨の急落といった通貨危機が生じて、金融市場や経済を大きな混乱に陥れることもなくなる。

デメリットとしては、金利の水準が米国金融市場の情勢で決まるようになり、自国の金融政策を失う点が挙げられる。また、米ドルを発行できるのは米国だけであるため、中央銀行が破綻リスクに直面した民間金融機関に対して、無制限に流動性（ドル）を供給して救済することができなくなる。これは、中央銀行が最後の貸し手機能（ＬＬＲ機能）を喪失した状態だ。

一方、非公式のドル化の場合は、銀行から自国通貨の預金が引き出されてドルに換えられる結果、銀行経営が厳しくなり、金融システム不安が生じる可能性がある点がデメリットだろう。

中銀デジタル通貨の国際決済で標準化争いか

ＥＣＢが中銀デジタル通貨の発行を検討する中で、さらに注目されるのは、各国の中央銀行が協力して、中銀デジタル通貨同士の交換を含む中銀デジタル通貨の国際決済の仕組みを作る構想について、議論が始まっている点だ。これには、マネーロンダリングのリスクを低下させるとともに、低コストで迅速な、利便性の高い国際送金を可能にする狙いがある。

日本銀行が２０２０年10月に公表した中銀デジタル通貨の報告書「中央銀行デジタル通貨に関する日本銀行の取り組み方針[34]」でも、複数の国の中銀デジタル通貨を相互に交換できるようにするなど、中銀デジタル通貨の枠組みを国際決済の改善に活用する案が、既にＧ20で検討されていることを明らかにしている。さらに、中銀デジタル通貨間での相互運用性を確保する観点から、データフォーマット等の国際標準化についても、各国間での積極的な議論が大切であるとしている。

各国が、将来、中銀デジタル通貨による国際決済の仕組みを作る可能性を視野に入れるのであれば、中銀デジタル通貨発行のタイミングは各国まちまちであっても、今のうちから、国際的な標準化を意識して様式の統一を議論しておく必要があるだろう。

たとえ、デジタル人民元の発行に先を越されても、先進各国はそのデジタル人民元の技術面、制度面などでの標準をそのまま受け入れるとは思えない。先進各国間での国際標準作りを別途進めていくことになると思われる。デジタル人民元の標準を受け入れるのは、新興国であろう。

その場合、将来的には中銀デジタル通貨を用いたクロスボーダー決済が、「中国型」と「先進国型」に大きく分かれ、両者間で激しい標準争いが生じるのではないか。さらに、クロスボーダー決済を巡る標準争いは、通貨圏を巡る争いとも強く連動していくことだろう。

ただし、「先進国型」の新たな仕組みを作ることは、国際銀行送金に支えられた米国の金融覇権を揺るがすことになるため、米国は容易には賛成しないだろう。また、常に米国の顔色をうかがう日本も、慎重にならざるを得ないのではないか。こうした米国への配慮が、この先、日本での中銀デジタル通貨発行の障害となることも考えられるところだ。

第4節 米国は自ら金融覇権を崩すデジタルドル発行に慎重

デジタルドルの発行に慎重な米国

米国は中銀デジタル通貨、いわゆるデジタルドルの発行に、少なくとも現時点では慎重だ。その最大の理由は、デジタルドルの発行により、自らの手で米国の金融覇権を崩してしまう可能性があるからだろう。

第2章で見たように、米国はＳＷＩＦＴや米銀の国際的なネットワークを通じて、世界の資金の流れに関する情報を独占し、また、テロ国に対する経済制裁などを実施している。こうした金融面での覇権が、米国の安全保障面での国際戦略も支えているのである。

しかし、デジタルドルが国際送金に用いられる場合には、ＳＷＩＦＴを通さず決済できるため、銀行送金システムに支えられた米国の覇権、絶対的優位が揺らぐ可能性が比較的高い。前節で述べたように、先進国の中央銀行は、各国の中銀デジタル通貨を交換できる国際決済のシステムの構想も持っている。そうなれば、米国の優位性は明らかに失われるだろう。

また米国は、現在のドル支配体制の維持が望ましいと考えており、それも中銀デジタル通貨の発行に慎重な理由である。仮に米国が中銀デジタル通貨を発行すると、それは使い勝手の良さから海外で急速に利用されることになるだろうが、これは米国にとっては必ずしも望ましい事態ではない。海外でのドル利用のさらなる拡大は、米国にとっては負担となるからだ。

「ドル化」を望まない米国と「人民元化」を期待する中国

ＦＲＢが発行する現金（ドル）のうち、およそ半分は海外で流通している。その中には、ドル化が進んだ新興国での流通分もある。海外の国がその通貨をドルにペグ（連動）させる場合も同様だが、米国は海外でドルを多く保有されることを望んでいないだろう。

ドルにペグした国、あるいはドル化した国の金利水準はＦＲＢの政策で決まるため、そうした国は米国の金融政策に注文を付けるようになる。特に、米国の経済情勢とそれらの国の経済情勢が異なる場合には、米国の金融政策への不満が高まる。これは、米国にとっては煩わしいことだろう。

また、ドルが大量に海外に流出すると、ドルの価値が下落して国内物価が上昇するため、国民の生活への影響を警戒する意見が、共和党議員を中心に米議会の中でも根強いのである。

加えて、公式にドル化した国が、必要なドルを調達するためにドル建てでの債務を返済できなくなった場合、唯一ドルを生み出せる米国が、最後の出し手（ＬＬＲ）として、そうした国を救済しなくてはならない可能性も出てくる。このように、海外でのドルの流通拡大は、事実上の基軸通貨としてのドルの地位の証しではあるものの、米国にとって実は煩わしい問題でもあるのだ。

逆に、中銀デジタル通貨の発行を契機に、海外でドル化のようなことが進むことを暗に期待する国があるのではないか。それが中国である。

通貨の信頼性が低い新興国で、国民が使い勝手の良い外貨、デジタル人民元を手にすると、それが貯蓄、支払いなどに利用されるようになり、非公式の人民元化が進む。その結果、銀行から自国通貨の預金が引き出され、金融不安に発展する可能性もあるだろう。また、自国通貨安が進み、経済に悪影響が及ぶ。それがまた非公式の人民元化を後押しするだろう。

その結果、密接な貿易関係にある中国の人民元に対する自国通貨の安定を図るために、人民元へのペグ制を導入する国が出てくるかもしれない。さらに、公式の人民元化を選択して、金融政策を中国に委ねる国もあるのではないか。

こうして、デジタル人民元の発行は、新興国の経済・金融に混乱を生じさせつつ人民元化の流れを作り出し、また人民元の国際化、人民元通貨圏の拡大を後押しする可能性がある（第3章）。金融覇権、通貨覇権で米国に大きく後れをとっている中国は、米国とは対照的に、人民元化の流れを受け入れ、また、意図的に進めていく可能性もあると考えられる。

政権交代後のデジタルドル議論

これまで述べたような理由から、財務省を中心に米国当局は、従来から中銀デジタル通貨の発行に慎重な姿勢を明確にしてきた。２０１９年12月の議会証言で、当時のムニューシン財務長官は、「今後5年間に米国が中銀デジタル通貨を発行する必要はないとの認識で、ＦＲＢと一致している」と言いきったのである。

ただし、金融当局の米財務省とＦＲＢとの間には温度差があり、ＦＲＢは中銀デジタル通貨の調査・研究の目的から、ＢＩＳと日本や欧州などの中央銀行による中銀デジタル通貨の共同研究グループに参加している。

また、２０２１年2月に行われた議会証言でジェローム・パウエルＦＲＢ議長は、デジタルドルは「非常に優先度の高いプロジェクトだ」と語った。従来よりもやや前向き感が強まったように思われる。しかし一方で、「発行すべきかどうかは非常に慎重に、慎重に検討している」とも述べている。

パウエル議長は、デジタルドル発行のメリットとして、銀行口座を持てない低所得者層らも活用できるという金融包摂の観点を強調している。

他方で、「デジタルドルが民間銀行からの資金流出を招き、経済全体の信用創造に問題をもたらす可能性がある」「技術、政策面で重大な問題がある」など、デジタルドルの課題、問題点も多く列挙している。後者については、マネーロンダリングなどが念頭にあると思われる。

一方、米財務省の慎重姿勢は、政権交代によって変化している可能性も考えられるところだ。実際、リベラル（左派）色が強い現在のジャネット・イエレン財務長官は、「決済手段や銀行口座を持たない人に、デジタルドルは役立つ」と評価している。

２０２１年5月にＦＲＢは、２０２１年夏に中銀デジタル通貨について討議のための資料を公表すると発表した。パウエル議長は「幅広い議論を促す」のが目的、と説明した上で、「我々が最終的に（発行の可否について）どのような結論を出すにせよ、中銀デジタル通貨を巡る国際的な標準の策定にあたり、主導的な役割を果たすつもりだ」と前向きな姿勢を述べている。

米国が近い将来にデジタルドルの発行を決める可能性は依然として低いだろう。しかし、政権交代をきっかけに、中銀デジタル通貨に関する米国の慎重姿勢が変化してきていることは見逃せない。

第５節 デジタル円の発行議論はユーザ目線で

デジタル円に関する日本銀行の取り組み

２０２０年７月、日本で閣議決定された「骨太の方針（経済財政運営と改革の基本方針）」に、中銀デジタル通貨（デジタル円）の検討方針が盛り込まれた。この件は、日本銀行にとって強いプレッシャーとなったことは間違いない。日本銀行は、同年10月に、中銀デジタル通貨の技術的な論点をまとめた論文を発表している。

その中で、中銀デジタル通貨の実証実験の３段階のうち、思考実験に近い第１段階については、「２０２１年度の早い時期に開始することを目指す」と表明し、実際、２０２１年４月に開始された。こういった日本銀行の動きには、中銀デジタル通貨の研究に取り組んでいることを政府・与党にアピールする、いわば証拠作りの目的もあったように思われる。

実際のところ、日本銀行自身は中銀デジタル通貨の発行に慎重なスタンスであろう。しかし、発行の最終的な決定の権限は政府にあることから、政府・与党内、あるいは国会で中銀デジタル通貨発行の議論が高まれば、いずれは発行が避けられなくなるとの危機感を強く持っているはずだ。そのため、日本銀行は今後の中銀デジタル通貨発行の可能性を考え、証拠作りにとどまらず、準備を始めていると思われる。

キャッシュレス化推進のチャンスか

仮に、日本で中銀デジタル通貨を発行する場合、その最大の狙いとなるのは、ユーザの利便性向上と経済の効率性向上に寄与する「キャッシュレス化の推進」だろう。

民間デジタル通貨よりも信用力の高い中銀デジタル通貨によるスマートフォン決済手段などが提供されれば、その利用が大きく増加する可能性がある。新型コロナウイルス問題で、現金利用の衛生上の問題がクローズアップされている今こそ、他国に遅れているキャッシュレス化を推進するチャンスである。

単に、デジタル人民元発行への漠然とした不安に基づくのではなく、どのような目的で中銀デジタル通貨の発行を検討するのかについて、政府・与党は議論をしっかりと整理する必要があるだろう。

他方、中銀デジタル通貨の発行には、技術面、法的な側面などで様々な課題がある。それは、かつては主要国の中で中銀デジタル通貨の発行に最も近いとされたスウェーデンの中央銀行が、何年もその枠組みを慎重に検討し続けていることからも明らかだろう。

日本銀行は今後、できない言い訳を並べるのではなく、中銀デジタル通貨発行に向けた多方面での課題や問題点を明確に提示していくことが望まれる。その上で、民間のイノベーションを損なわないという観点から、民間事業者を活用して、中銀デジタル通貨に近い信頼性の高い民間デジタル通貨、あるいは官民共同型のデジタル通貨を提供することもまた選択肢の一つとして議論すべきだろう。

日本銀行には、他国の動向に翻弄されることなく、国民の利益を最大限高めるという大義に基づいて、いわば国民目線、ユーザ目線で、中銀デジタル通貨の検討を慎重に進めていって欲しい。

中銀デジタル通貨は現金との併用が国際標準に

第5章の最後に、主要国で計画されている中銀デジタル通貨の設計について、現時点で明らかになっている点を抽出して比較してみたい。

中央銀行が中銀デジタル通貨の発行を決定し、その具体的な設計を検討していく段階では、いくつかの大きな選択をしていく必要がある。その第1が、現金の発行をどうするかである。中央銀行が発行している現金の流通を廃止して、それを中銀デジタル通貨へと一気に置き換えていくのか、それとも現金と中銀デジタル通貨の同時使用を認めるのか。

中銀デジタル通貨にマイナス金利を付けることで、金融緩和の効果を高めたいなら、金利が付かない現金は完全に廃止する必要がある。わずかでも現金が残されていれば、持っているだけで損をするマイナス金利の中銀デジタル通貨からゼロ金利の現金へと資金がシフトし、マイナス金利の政策効果は損なわれてしまうためだ。

ただしこの点については、後者、つまり「中銀デジタル通貨を発行しても現金の利用も引き続き認める」、というのが明らかに世界のスタンダードになってきている（図表5－2）。

中銀デジタル通貨の発行で先行する中国は、デジタル人民元を発行しても現金は廃止しない考えを既に明らかにしている。ＥＣＢも日本銀行も、仮に中銀デジタル通貨を発行する場合には、現金は廃止しないとの考えを明確に示している。ＦＲＢも同様だ。

現金を廃止すれば、金融政策の効果を高められるだけでなく、犯罪で不正に入手した資金や、脱税目的で保管している現金をあぶり出せるだろう。しかし、それは国民からの強い反発と社会的に大きな混乱を招くことになる。

また、スマートフォンなどを用いた中銀デジタル通貨の利用を、全ての人が即座に難なく始められるとは限らない。引き続き現金を使いたい人には、その意向を尊重して認めることが、中央銀行には求められる。

発行形態の国際基準は「二層構造」か

第2は、（非金融）企業や個人へ中銀デジタル通貨を発行する形態を「直接型」「間接型（二層構造）」のいずれにするかの選択である。直接型とは中央銀行にそれぞれ専用口座を持ち、発行者である中央銀行から直接中銀デジタル通貨を入手する形態で、二層構造とは、民間銀行などを仲介して入手する形態となる。

これについては、後者の二層構造が世界の標準になりつつあると言えそうだ。中国は、既にそれを決めており、ＥＣＢも日本銀行も二層構造が望ましいと結論付けている。

直接型とした場合には、中銀デジタル通貨の末端での利用まで、その管理を中央銀行のみで行うことになり、その負担は膨大なものになってしまう。さらにそれ以上に問題なのは、中央銀行に取引情報が一元的に蓄積されていくことだ。国民は、個人の取引履歴が全て中央銀行に把握され、政府、税務当局などと共有されることを嫌うだろう。

また、中央銀行もそうした個人データの保有を好まないはずだ。仮に大量の個人データを漏えいするなどの問題を起こせば、国民からの信頼性を大きく失ってしまうからだ。さらに政府との情報共有をするにしてもしないにしても、法制面での複雑な整備、調整が必要となる可能性がある。

第3は、各人の中銀デジタル通貨の保有に上限を設定するか、中銀デジタル通貨に金利を付けるかだ。ＥＣＢは、銀行預金から中銀デジタル通貨に資金がシフトされることで、銀行経営に支障を生じて、経営不安が高まるリスクを軽減するために、こうした措置に前向きな考えである。中国でも、中銀デジタル通貨への金利付与が検討されている可能性がある。

日本銀行は、いずれも今後の検討課題として、未だ明確な方向性を示していない。

日本銀行はオフライン決済方式に強い関心

第4は、オフライン決済方式（トークン型）を併用するか否かである。中銀デジタル通貨は通常、我々が用いているスマートフォン決済のように、ネットワークが繋がった状態で利用され、利用額の変化は発行・運営者が提供する口座上で管理される口座型となるだろう。

一方で、２０２０年にＢＩＳと７つの中央銀行が公表した中銀デジタル通貨の報告書では、自然災害時にネットワークが遮断される事態などを想定して、オフラインでも中銀デジタル通貨が利用できる方式が検討されるとし、そのための技術開発の必要性が言及されている。

日本銀行が２０２０年７月と10月に公表した中銀デジタル通貨に関する報告書でもオフライン決済方式の検討を示しており、後者では「システム・通信障害や電力途絶といったオフライン環境下でも利用できる仕組みを確保することも、自然災害の多いわが国において重要なポイントである」として、前向きな姿勢が示されている。

日本以外の国では、中国は、オフライン決済方式の併用を既に決めている（第1章）。

対してＥＣＢは今のところこの点を必ずしも重視していないように見受けられる。

日本でオフライン決済方式（トークン型）が利用される場合には、モバイルＳｕｉｃａのようなイメージとなるのではないか。

自然災害以外でも、通信事情でバーコード・ＱＲコード方式などでのスマートフォン決済に時間がかかる場合はしばしばある。その際には、非接触ＩＣカード技術方式に基づくモバイルＳｕｉｃａのようなオフライン決済がより便利となる。

また、この方式であれば、スマートフォンを近づけるだけで、他人のスマートフォンに中銀デジタル通貨の価値を移転する、つまり個人送金（Ｐ２Ｐ）もできるだろう。まさに、現金を他人に直接渡すのと同じことが、同様の手軽さで可能となるのである。日本銀行の前向き姿勢なども踏まえると、オフライン決済方式の仕組み、技術では、日本は他国をリードできるかもしれない。

ただし、オフライン方式で利用される場合、システム上の脆弱性を管理者が把握できない点や、犯罪での資金の受け渡し、マネーロンダリングなどに利用されやすい点が問題となる。そのため、オフライン決済方式での利用額や利用頻度に制限を設けることなども検討する必要があるだろう。

自国の事情に合わせた設計を

現金を代替する小口決済用の（一般利用型）中銀デジタル通貨を設計していく段階では、各国の事情、既存のシステム等に十分に配慮する必要がある。自然災害が多い日本では、オフライン決済方式導入の必要性は、他国に比べて高いと言えるだろう。

中銀デジタル通貨を巡る先進国での議論は、民間デジタル通貨・リブラへの対応、先行する中国のデジタル人民元の発行計画に触発されてきた面が強い。日本でも、デジタル人民元に対抗するために、日本銀行は中銀デジタル通貨の発行を急ぐべきとの議論が政府・与党内で高まっている。

しかし、例えばデジタル人民元が発行されても、人民元建ての買い物は日本では不便で、それを利用する日本人は少ないのではないか。そうした心配を本気ですべきなのは、アリペイやウィーチャットペイのプラットフォームが円建てで利用可能となった場合だろう。また、急いでデジタル円を発行したところで、海外ではほぼ使われることはなく、デジタル人民元への対抗とはなり得ない。デジタル人民元への警戒と、デジタル円の発行は別の問題として捉えなければならない。

図表5-2　日本、ユーロ、中国の中銀デジタル通貨構想比較

	日本	ユーロ	中国
発行スケジュール	発行計画なし	2021年半ばにかけて発行の是非を判断	2022年北京五輪までの発行を目指す
発行形態	間接方式（個人・企業は銀行などを通じてCBDCを入手）	間接方式	間接方式
現金流通	発行を続ける	発行を続ける	発行を続ける
金利	△	○	△
発行上限の設定	△	○	△
オフライン決済	○	△	○

（出所）各種資料より野村総合研究所作成

既に述べたように、中銀デジタル通貨の導入は、ユーザの利便性や経済の効率性向上など、あくまでも自国民の利益を高めるという観点から、その是非を各国が独自に決めるべきである。さらに同様に中銀デジタル通貨の具体的な設計についても、各国の事情に十分配慮した形で検討されていくべきだろう。

30 Central bank digital currencies: foundational principles and core features (https://www.bis.org/publ/othp33.pdf)

31 Codruta Boar and Andreas Wehrli "Ready, steady, go? Results of the third BIS survey on central bank digital currency", BIS Papers No 114, January 2021 (https://www.bis.org/publ/bppdf/bispap114.pdf)

32 https://www.ecb.europa.eu/pub/pdf/other/Report_on_a_digital_euro~4d7268b458.en.pdf

33 https://www.ecb.europa.eu/pub/pdf/other/Report_on_a_digital_euro~4d7268b458.en.pdf

34 https://www.boj.or.jp/announcements/release_2020/data/rel201009e1.pdf

第6章

2030年金融市場・金融ビジネスの予想図

第1節

通貨覇権の勢力図変化でドルは暴落するか

最終章となるこの第6章では、将来の展望を大胆に提示してみたい。前半では、デジタル人民元の発行によって世界の通貨覇権が変化していく場合の世界、そして日本の経済・金融に与える影響についてまず展望しよう。後半では、中銀デジタル通貨が各国で発行された場合、中央銀行、プラットフォーマー、既存の金融業者の三者が作り出す新たな金融ビジネスの将来の姿を見通してみたい。

外国為替市場での人民元の構成比が18％まで高まる計算も

ＩＭＦ（国際通貨基金）の推定では、２０２０年時点で米国の名目ＧＤＰは世界の24・6％を占める。その米国の通貨であるドルが、世界の中では事実上の基軸通貨となり、貿易その他の国際決済で支配的な役割を果たしているのが現状だ。

2019年9月時点では、外国為替市場で取引される通貨でドルの構成比は44・2%である。外国為替市場では基本的に2つの異なる通貨を交換することから、ドルが一方で関わっている取引（ドルとユーロの交換、ドルと円の交換など）の構成比は、この44・2%の2倍程度と考えて良いだろう。まさに、ドルは国際資金取引を支配している通貨と言える。

経済規模（GDP）では世界の24・6%を占める米国の通貨が、外国為替市場では44・2%と、その1・8倍の構成比となっているのである。この倍率を、基軸通貨の影響力を示すものと考えてみよう。

中国の一帯一路構想に参加している64か国（中国商務部や外交部が示した資料による）と中国のGDPを合わせると、世界の約31%となる（132ページ参照）。この経済圏の中で中国のGDPの構成比は約32%であるが、上記の基軸通貨の影響力の係数1・8倍をかけると、経済圏内での外国為替市場での人民元の構成比は約57%となる計算だ。さらに、世界全体の中での構成比を計算すると約18%となる。2019年9月時点での、外国為替市場における人民元の構成比は2・2%で、そこから約16%ポイントも上昇する計算になるのだ。

また、その分ドルの利用が減ると考えると、それは世界の外国為替市場での44・2%の構成比から約28％まで低下する計算となる。世界の外国為替市場での人民元の構成比は、ドルと逆転はしないまでも、10％ポイントの差まで接近することになる。ドルの影響力は相当に低下してしまうのである。

現時点では、一帯一路構想参加国の貿易決済などの外国為替取引は、中国を含めてドル建てで行われている比率が相当高いと見られ、このような変化が起こるまでには時間を要するだろう。しかし、デジタル人民元が一帯一路構想参加国に広がることで、人民元の国際化が着実に進んでいけば、ドルの影響力は先行き低下していくとの観測が為替市場に広がるだろう。その瞬間、大幅なドル安が生じるのではないか。

突然起こった１９３１年のポンド危機の教訓

市場は現在ではなく、将来の見通しを強く反映する傾向がある。そうした変化は、何らかの出来事をきっかけに、ある日突然起こる可能性もある。

第1次世界大戦と第2次世界大戦の間は、ポンドとドルが（事実上の）基軸通貨として併存する時期だった。その中で、ポンドはその影響力の低下が懸念され、為替市場では大きく売り込まれることが多くなっていた。中でも、「１９３１年のポンド危機」として広く知られているのが、1931年7月から9月にかけてのポンドの大幅下落である。その結果、同年9月、英国はポンドの金本位制離脱に追い込まれてしまったのである。

その年のポンドの対ドルレートは、年初の1ポンド＝4・86ドルから、12月には1ポンド＝3・24ドルまで下落した。下落率は約33％である。この時は、固定相場制が維持できなくなって通貨が切り下がるというやや特殊な状況ではあったものの、基軸通貨の地位を失いつつある場合には、短期間で通貨の急落が起こりうるという一例ではある。

変動相場制移行から3度目のドル高局面

時代は飛ぶが、1973年に、第2次世界大戦後の通貨体制であったブレトンウッズ体制が崩壊し、主要国通貨は固定相場制から変動相場制へと移行した。それ以降のドルの推移を振り返ってみたい。

図表6－1は、実質実効ドル指数の推移を見たものだ。詳しい説明は省くが、これは、貿易相手国全体に対する価格面で見た米国の国際競争力を表す指数と言える。そして、トレンドからの乖離がドルの割高、割安を示すと考えることができる。

現在は、1973年の変動相場制移行から3度目のドル高局面にあることをこの指数は

図表 6-1　実質実効ドル指数の歴史的推移

(出所)セントルイス連銀資料より野村総合研究所作成

示している。

１回目のドル高局面は、１９８０年代前半である。１９８１年に発足したレーガン政権のもとでのドル高政策、中央銀行であるＦＲＢ(米連邦準備制度理事会)による高金利政策の結果、大幅なドル高が生じた。冷戦構造下でレーガン政権が実施した軍事支出拡大とこのドル高傾向は、財政赤字と経常赤字の大幅な拡大、いわゆる「双子の赤字」の問題を生み、それはドル暴落へのリスクを高めたのである。

そこで、各国による国際協調を通じて、ドル暴落のリスクを減らすためのドルの調整が図られた。その起点となったのが、１９８５年９月のプラザ合意だ。

このプラザ合意から、１９８７年２月に

ドル安に歯止めをかけることで各国が合意したルーブル合意までの1年5か月の間に、実質実効ドル指数は17％下落した。1988年末のドルのボトムの水準で計算すれば、ドルの価値はちょうど30％下落している。

2回目のドル高局面は、クリントン政権（1993〜2001年）と重なる1990年代半ばから2000年頃だ。冷戦構造の崩壊による「平和の配当」で、米国の財政赤字が減少し、それによる金利低下が米国経済に活況をもたらした時期だ。ドルに対する信認がかなり高まったのである。

この時期のドル高は、2000年末から2001年にかけての「IT（ネット）バブル」崩壊で終焉した。やや長めに2002年のピークと2008年のボトムとの間で計測すれば、ドルの価値は25％程度下落している。

蘇る「双子の赤字」問題

今回の3度目のドル高局面は、過去2回、特に1980年代ほど行き過ぎたドル高傾向ではないように見える。しかしながら留意しておきたいのは、「双子の赤字」が再燃していることだ。とりわけ財政環境は、コロナショックの影響もあり、急激に悪化している。

これは先行き、ドルの信頼感を大きく損ねる可能性がある。

トランプ前政権が２０１７年に実施した大型減税、いわゆるトランプ減税や、軍事費を中心とする財政支出の増大等は、米国経済に大きなひずみを生み出してしまった。それが、「双子の赤字」問題の再燃だ。

２０２０年度（２０１９年10月〜２０２０年９月）の連邦財政赤字は過去最大の３・１兆ドルに達し、ＧＤＰ比では15％程度と第２次世界大戦時の20％台に手が届くところまで迫った。トランプ前大統領は２０１７年の最初の予算教書で、「経済成長の加速によって財政はバランスを取り戻し、連邦債務を圧縮できる」と説明していた。しかし実際には、景気拡大が長期化する中でも財政赤字は拡大を続け、政府債務はＧＤＰ比で上昇する一方であった。さらに、２０２０年に入ってからはコロナ対策関連の政府支出拡大の影響が加わり、財政環境は一段と悪化したのである。

新型コロナウイルス問題が本格化する前の２０２０年春までの歴史的に低い失業率に表れているように、米国経済が供給制約に直面する中での財政拡張策の実施は、国内生産が追い付けないほどの国内需要の増加を生んだ。それを満たすために輸入が急増し、貿易収支も悪化したのである。米国の貿易赤字額は２０１６年の４８１０億ドルから、２０２０年に９０４９億ドルまで急増し、過去最高水準を更新している。

バイデン政権も積極財政政策を掲げており、財政赤字はさらに拡大しそうだ。超党派の非営利組織「責任ある連邦予算委員会」の試算によれば、バイデン大統領が選挙公約で掲げた経済政策を実行に移す場合、連邦財政収支への影響は、２０２１年から２０３０年の10年間の合計で約5・6兆ドルの悪化となる。バイデン大統領は選挙公約で、トランプ減税によって35％から21％にまで引き下げられた法人税率を28％にまで戻し、また、連邦所得税の最高税率を37％から39・6％に引き上げる方針を示した。それらが実施されても歳出増加の影響が増税の影響を上回り、財政環境は一段と悪化する見通しなのだ。

20～30％のドル下落の可能性

双子の赤字の拡大は、米国の財政運営に対する信認、ドルに対する信認を損ね、金融市場では、悪い金利上昇、悪いドル安の潜在的なリスクを着実に高めている。これは、世界経済の先行きにとっても非常に大きな不安材料だ。

しかし、足もとで再燃する双子の赤字問題は、２０２０年の大統領選挙での争点とはならず、バイデン政権の政策構想の中でも、この問題への対応の優先順位は低い。株価急落や長期金利上昇などの市場の警鐘が本格的に鳴らされれば、それは世界経済にも大きな打撃となってしまう。バイデン政権は、それ以前の段階で財政再建に本格的に着手し、トランプ政権が残した双子の赤字問題への対応を進める必要があるが、実際にはそれは難しいのではないか。

図表６－１に戻ると、足もとの実質実効ドル指数は、トレンド線を５％弱程度上回っているものの、過去のドル高局面と比べて、著しくドルが割高とは言えないだろう。他方、ドルが下落に転じた際には、過去の例ではその水準は、トレンド線を10～15％程度下回っている。ここから推察されるドル下落の潜在的なリスクは、20％程度と言えるかもしれない。

一方で、既に見たように、双子の赤字問題が再び深刻さを増しており、その分、ドル下落のリスクは高いと予想できる。ここに、先行き人民元の存在感が高まってドルが事実上の基軸通貨の地位を奪われるのではないかとの観測が広がれば、ドル下落のリスクは過去になく大きくなるだろう。

今まで見てきた１９３１年のポンド危機の経験や、１９８０年代以降のドル高局面後のドル下落のポテンシャルをこの点に加味して考えた場合、ドル下落の幅としては少なくとも、20～30％程度は想定しておく必要があるのではないか。実際は、もっと激しいドルの暴落が生じるかもしれない。

図表6-2　対円での30%ドル安の経済効果

実質GDP	-2.22
個人消費	-0.84
設備投資	-3.66
輸出	-7.71
個人消費デフレータ	-1.02
失業率	0.09

（注）3年後の累積効果（%）
（出所）内閣府「短期日本経済マクロ計量モデル（2018年版）の構造と乗数分析」より野村総合研究所作成

ドル暴落がもたらすものは何か

ドルが大幅に下落すると、米国の輸出には短期的にはプラスとなるが、世界経済全体には著しい悪影響をもたらす。

それは第1に、エネルギー関連を中心に、世界にはドル建てで取引される商品が多いためだ。ドルの価値・信認が揺らげば、そうした商品のドル建て価格が上昇しやすくなる。その場合、エネルギー資源等、多くを輸入に頼る日本のような国では、自国通貨建てのガソリン価格や灯油価格などは大幅に上昇し、人々の生活を圧迫しかねない。また、企業にとっては、原材料価格の上昇が収益を圧迫するだろう。

第2に、自国通貨に対してドルの価格が大幅に下落すれば、自国製品の競争力が米国製品に対して低下し、輸出の悪化が生じるだろう。

内閣府の「短期日本経済マクロ計量モデル（2018年版）」を用いたシミュレーションによると、上記のような経路などを通じて、ドル安は国内経済に大きな打撃を与えることがわかる。ドルが対円で30％下落した場合、3年間での累積効果で、実質GDPは約2・2％も減少する計算だ。中でも、円高で国際競争力を低下させる実質輸出は、約7・7％の大幅下落となるのである（図表6－2）。

100年ぶりの通貨覇権変化の観測がもたらす計り知れない衝撃

さらに、ここにデジタル人民元の拡大と国際化の進行が加わると、先進国の金融市場は一層大きな衝撃を受けることになるだろう。

デジタル人民元の通貨圏の拡大は、第3章で見たような、中国経済圏の拡大と表裏一体で進んでいくことが予想される。その場合、世界の中でのドルの利用比率が単に低下していくだけではなく、新興国市場がどんどん中国に奪われていき、先進国にとっては海外市場が縮小しかねない。

これは先進国経済の潜在力を大きく押し下げることになるだろう。とりわけ、アジア地域を中心に輸出先の半分以上が新興国である日本経済にとっては、その打撃はより大きなものとなるはずだ。

金融市場が、ドルの覇権の大幅低下という100年ぶりの通貨覇権変化の可能性を認識し、同時に、「世界が二分されていく」という歴史的な構造変化を予見する場合には、先進国での株価の暴落などがドルの暴落と平行して生じ、その結果、実体経済に与える打撃もかなり大きなものとなることを覚悟しておく必要があるのではないか。

第2節 ドル暴落が金融機関に与える衝撃

ドル安で世界中のドル資産が目減りする

貿易財の契約・決済通貨として世界で幅広く利用されているドルの価値が下落すると、多くの国の経済活動に悪影響を及ぼすことは既に見た通りだ。特に日本経済への影響は深刻となる。それでは、金融面への影響はどうだろうか。

米国は世界最大の対外純債務国だ。米商務省によると、２０２０年９月末で米国の対外債権残高は29兆４０８３億ドル、対外債務残高は43兆３５８５億ドル、両者の差である対外純債務残高は13兆９５０２億ドルである。これは米国のＧＤＰ（２０２０年７〜９月期で年率21兆１７０３億ドル）の63・３％に相当する。米国の国民が、海外から一人当たり４・２万ドル（約４４０万円）程度、賃金に換算して２・２年分の資産を上回る借金をしている計算となる。

一般に、物価上昇率が予想外に高まるインフレ的な局面では、債務者が有利となる。債務は一定額の返済を約束するものが多いため、物価上昇率が高まって名目所得が増えても、債務の返済額は変わらない。つまり、実質的な債務負担は軽減されるのである。一方、債権者にとっては実質的な債権額が目減りしてしまうことになる。逆に物価上昇率が予想外に低下するデフレ的な局面では、債務者が不利となる。ドル安は一種のインフレであることから、米国以外の純債権者にとっては実質的な債権額が目減りするのだ。

米国以外の国は、米国に対して概ね債務を上回る債権を持っている。それらはほぼドル建てだ。ドル安となって自国通貨で計算した米国向け債権と債務が同じ割合減少した場合、債権の規模は債務の規模を上回るため、純債権額（債権額－債務額）は減少してしまう。これが、金融機関の財務を悪化させ、経済にも悪影響を与えることになる。

例えば各国の米国に対する債権43兆3585億ドルと債務29兆4083億がドル安によってともに30％減少する場合、純債権は9・77兆ドル分減少する。これはＩＭＦが推計する世界の名目ＧＤＰ（２０２０年）の11・２％にも達するのである。米国以外の国々では、ドル安によって大きな富が消失してしまうことになる。

ドル安による打撃を受けやすい日本の金融機関

日本の金融機関は巨額のドル金融資産を保有していることから、ドル安による評価損の影響を特に受けやすい。

大手の銀行は調達したドル資金でドル資産への投資を行う傾向が強いため、ドル資産額とドル負債額の乖離は比較的小さく、そのためドル安となっても双方の変化が打ち消し合い、財務への打撃は大きくないだろう。しかし、中堅・中小銀行や外国銀行の日本子会社などの場合には、両者の乖離は相当規模に達しており、ドル安によって生じる評価損は大きいのである。

財務省の統計（本邦対外資産負債残高・通貨別債権／債務残高統計令和2年末）によると、日本の銀行（預金取扱機関）のドル建て対外資産額は約115・4兆円、ドル建て対外負債額は約95・7兆円だ。仮に30％の円高ドル安となれば、13・8兆円もの評価損が生じる計算となる（為替リスクヘッジなどを考慮しない）。

さらに、生命保険会社など、銀行以外の金融機関では、ドル建ての対外資産規模と対外負債規模との乖離がより大きくなる。ドルで資金を調達してドル資産に投資をするのではなく、円資産をドルに換えてドル資産に投資する「円投」が、生命保険会社などでは一般的であるためだ。

銀行以外の金融機関では、ドル建ての対外資産規模が約97・６兆円であるのに対してドル建ての対外負債規模は約17・８兆円と、前者が両者の６倍近くもあり、財務環境はより為替リスクにさらされている。生命保険会社の場合には、一定比率で為替ヘッジをしているものの、為替変動は大きなリスクなのである。

ドル調達難で金融機関の財務はさらに悪化

ドル安の進行と同時にドルの調達難が生じるケースでは、日本の金融機関への打撃はより高まる。金融市場が混乱する局面では、世界中の金融機関が事実上の基軸通貨であるドルの確保に一斉に動くからだ。ドル資金を調達してドル資産に多く投資をする日本の銀行は、ドルの確保に奔走することになる。そうした行動がドル不足を生じさせ、ドルの調達コストを高めてしまう。日本の金融機関にとって、ドル調達に支障が生じることは、まさに大きな弱点なのである。

２００８年のリーマンショック（グローバル金融危機）の際や２０２０年のコロナ

ショックの際にも、金融市場の混乱を機にドルの調達が難しくなり、ドルの調達コストが多くの国で急上昇した。２０２０年の場合には、ＦＲＢが、各中央銀行とのスワップ協定を拡充し、大量のドルを供給したことで、こうした事態は比較的短時間で収束した。その際に、日本はＦＲＢによる主要なドルの供給先となったのである。

本書で想定しているような、デジタル人民元の普及や米国の双子の赤字拡大などをきっかけに大幅なドル安が生じるケースでは、むしろドルの保有が控えられ、このようなドル確保の動きは生じにくいように思えるかもしれない。しかし、将来的なドル覇権の低下が予測されていたとしても、現時点ではドル建ての金融資産や財が世界に多くあるため、目先の取引にはドルが必要である。そのため、顕著なドル安、あるいはドル暴落によって世界の金融市場に大きな混乱が起きれば、金融機関はドルを確保する必要が生じるだろう。結果、一見矛盾しているようであるが、ドル安傾向とドル不足、ドル調達難とが共存し、いわば金融機関に「ダブルパンチ」となる事態は十分に起こりうるのである。

このようなケースでは、金融機関は、ドル建て債務の借り換え（ロールオーバー）ができなくなるとの不安が高まる。特に、短期のドル調達に依存する金融機関は借り換えができなくなり、ドルの返済ができなくなるデフォルト（返済不能）に陥る可能性が出てくる。ドルこの場合金融機関は、ドル資産を売却して返済に充てなければならなくなるだろう。

安で評価損が出たドル資産を売却することで、売却損が出て損失が確定する。こうした経路で、金融機関の財務は悪化するのである。

脆弱なドル調達構造に注意

ＩＭＦが２０１８年４月に公表した、金融機関のドル調達の問題に関する調査・分析の報告書（Global Financial Stability Report, April 2018）から、世界及び日本の銀行が抱えるドル調達の問題点を浮き彫りにしてみよう。

リーマンショックの発生から10数年が経過する中、世界の主要銀行の財務健全性は、自己資本の積み増しを中心に大幅に改善した。しかし、自己資本比率、流動性カバレッジ比率などの数字からでは必ずしも把握できない脆弱性も残されている。その一つが、米国以外の銀行が抱えるドルの流動性の問題だ。

欧州あるいはアジアの銀行は、そのグローバルな支店網を通じて主にドルを調達しているが、短期の調達、特に為替市場でのスワップ取引を通じた調達に依存する傾向が強い。その場合、先ほど述べた通り、市場環境が逼迫すると銀行はドルのロールオーバー（借り入れの継続、借り換え）が難しくなり、ドル流動性のリスクに直面しやすい。それは銀行が保有するドル資産の投げ売りを誘発することで金融市場を不安定にさせ、悪いケースでは銀行破綻へと繋がりかねない。

ドル建て資産に対する需要は、世界で増加を続けている。それは原油、金などの各種商品の多くがドル建てで取引されることや、貿易金融、新興国の社債などでもドル建ての比率が高いことによる。また、日本のように超低金利の国では、より高い金利を求めて金融機関がドル資産を購入する傾向が強い。そして、スワップを含むデリバティブを通じた短期のドル調達に依存する傾向が最も高いのが、日本の銀行なのである。

スワップ取引を通じたドルの調達は、その他の短期ドル調達手段であるレポ市場や銀行間市場と比べてもより不安定である。この点から、金融市場が混乱するようなストレス時には、スワップは信頼できるドル調達手段とはなりにくい。

日本の銀行のドル調達構造の格差とリスク

日本の大手銀行の外貨の安定調達比率（「利用可能な安定調達額（資本＋預金・市場性調達の一部）」÷「所要安定調達額（資産）」）は顧客性預金の増加などを背景に改善傾向にある。ドル債の発行や長期のレポ（債券を担保に一定期間資金を調達すること）といった安定したドルの調達手段を持っていて、その利用を増やしていることも要因だろう。

一方、中堅・中小銀行の外貨調達構造は、大手銀行と比較してかなり脆弱である。地域銀行の場合、安定した外貨調達の手段である顧客性預金の比率は2割弱と低い一方、スワップや短期円投といった短期調達の比率が半分近くを占めている。こうした中、ストレス時には外貨調達に支障が生じ、保有する外貨建て証券の売却を余儀なくされる可能性も考えられる。

ドル債などへの投資（円投）を拡大させている日本の生命保険会社もまた、為替リスクをヘッジするためにスワップ市場を活用する傾向にある。

他方、スワップ市場でドルの供給を担ってきた米国や欧州の銀行などは、国際銀行規制の影響で、スワップ市場のドル需要に応えきれなくなってきている。それを補う形で、日本の銀行、機関投資家にドルを供給し始めたのが銀行以外のヘッジファンドやソブリン・ウェルス・ファンド（政府系ファンド）などだ。日本の金融機関がスワップ市場で調達する外貨のうち、こうした銀行以外の機関から供給される外貨の比率は今や7割にも達している。

しかし、それら非銀行の日本の金融機関へのドル供給姿勢は、欧米の銀行と比べるとかなり変動が激しいのが通例だ。市場が混乱している局面では、日本の金融機関に対してドルを十分に供給しなくなる可能性がある。日本の金融機関によるスワップ市場でのドル調達は、従来に増して、潜在的に不安定なものとなっているのである。

リーマンショック直後も、ドル調達の困難化、ドル不足が貿易金融を滞らせ、実体経済の予想外の悪化を招いたという苦い経験がある。その後、国際銀行規制は強化され、自己資本の積み増しがなされたものの、残念ながら、日本の銀行が抱えるドル調達構造の脆弱性は解消されていない。

デジタル人民元の広がり等を受けて、将来のドル覇権の低下観測からドル安が生じれば、日本の金融機関には大きな評価損が発生する。それと同時に、金融市場の混乱からドル調達に支障が生じれば、地域金融機関を中心とした日本の金融機関は大きな打撃を受ける可能性があるのだ。

第3節 中銀デジタル通貨は民間との協業に

当局が警戒する民間デジタル通貨とそうでない通貨

各国が中銀デジタル通貨の発行を検討し始める大きなきっかけはビットコインやフェイスブックのリブラといった新たな民間デジタル通貨への警戒感であった。しかしながら、当局は全ての民間デジタル通貨を警戒している訳ではない。我々が日常で使っているスマートフォン決済（ＱＲコード、バーコード）、ＩＣカード等は、当局の強い警戒の対象とはなっていない。それらの民間デジタル通貨は、法定通貨建て（日本であれば円建て）での価値を民間運営会社が約束するもので、基本的には国内での利用に限られる。そのため、金融当局が警戒するような、国境を越えたマネーロンダリング等の犯罪への利用を強く心配する必要はない。法定通貨建てであることから、金融政策の効果を大きく低下させることもないだろう。また、こうした民間デジタル通貨は、既存の銀行システムに依存する形で成り立っており、銀行預金からの大量の資金流出を生じさせて、金融システムを不安定化させる可能性もまた低い。

こうした民間デジタル通貨は、既存の銀行システムと融和し、それを一部補完することで、ユーザの利便性を高めているのである。

金融当局が唯一警戒する点があるとすれば、それは、民間デジタル通貨の運営会社が経営不振に陥った場合だろう。ユーザがチャージしたデジタル通貨が現金化できなくなるのではないか、あるいは価値を失ってしまうのではないかなど、ユーザの間に不安が高まり、その結果、円滑な支払いが妨げられてしまう可能性があるためだ。

協業を意味する「二層構造」がスタンダードに

現在、中銀デジタル通貨の発行を検討している各国の中央銀行は、いずれも、既存の民間決済サービス業者と敵対するのではなく、協調、連携する形での運用を考えている。

中国の場合、デジタル人民元の発行を通じてアリペイ、ウィーチャットペイの影響力を削ぐ狙いがあると思われ、やや例外と言えるかもしれない。それでも、少なくともデジタル人民元の発行時点では、民間銀行のアプリと同様に、アリペイ、ウィーチャットペイのアプリ上でデジタル人民元を利用できるようにする。中国でも、中銀デジタル通貨は民間との協業が図られるのである。

一方、既存の民間決済サービス業者と緊密に連携し、またそれを補完する形で中銀デジタル通貨を発行するという姿勢が特に顕著なのは、日本銀行ではないか。

そもそも、決済システムは今でも、中央銀行と民間銀行などとの協業で成り立っている。日本で言えば、銀行間の資金決済は全銀協（全国銀行協会）の全銀システム（全国銀行データ通信システム）を通じて行われるが、銀行間での最終的な決済や大口の銀行間決済は、日本銀行の決済システムである日銀ネット（日本銀行金融ネットワークシステム）を通じて行われている。

中銀デジタル通貨の発行を既に決めている、あるいは発行を検討している主要国の中央銀行、具体的には中国人民銀行、ＥＣＢ（欧州中央銀行）などと同様に、日本銀行も、「中銀デジタル通貨を発行する場合には、中央銀行と民間部門による決済システムの『二層構造』を維持することが適当だ」と結論付けている。

つまり、企業や個人それぞれが民間の銀行口座から中銀デジタル通貨を引き出し、中銀デジタル通貨口座にチャージする間接方式を採用する方針だということだ。その理由は、

第5章に述べた通りである。これは、現在の現金の利用と基本的には同じ構造と言えるだろう。個人は、中央銀行から直接現金を入手するのではなく、ＡＴＭを使って民間銀行の預金口座から日本銀行券を入手し、それを買い物での支払いや個人間の割り勘などに使うのである。

中銀デジタル通貨の発行は、少なくとも主要国では二層構造、間接方式がスタンダードとなるはずだ。その場合、中銀デジタル通貨の発行は、民間銀行やスマートフォン決済など民間デジタル通貨の運営業者らと競合するのではなく、協業する形となるのである。

現金と同様の「ユニバーサルアクセス」を狙う

日本銀行などが理想と考えるのは、スマートフォン決済などのデジタル通貨が、現在の現金と同様に、いつでも、どこでも、誰でも使える「ユニバーサルアクセス」を持つということだ。しかし、現状はというと、スマートフォン決済が、国民の間に広く浸透する状態には至っていない。また日本では、スマートフォン決済サービスの利用者が必ずしも多くない中で、それを提供する多くの民間業者が乱立している状態だ。

特定のサービスのユーザが増えると、それを導入する販売店が増え、その結果、どこでも広くスマートフォン決済が利用できるようになってユーザの利便性が高まるといった好循環が生じてもおかしくない。いわゆる「ネットワーク効果」（より多くの顧客が財・サービスを利用するにつれてその価値が増すこと）である。しかし、日本はそうした状況には未だ至っていないのだ。

そこで、民間のデジタル通貨、スマートフォン決済サービスを「補完」し、ユニバーサルアクセスを強化するという観点から、中銀デジタル通貨の発行の是非が議論されている面がある。ここで言う補完とは、システム障害などで民間サービスに支障が生じる場合や、収益性の悪化で民間業者がスマートフォン決済サービス事業から撤退するような場合でも、中銀デジタル通貨によってデジタル通貨を利用したいという国民のニーズを満たし続けることを意味する。

さらに、民間での異なるスマートフォン決済サービス同士が連携し、相互運用性（互換性）が確保されれば、どこの店でもスマートフォン決済サービスを利用できるというユニバーサルアクセスに近づく。そのため、民間サービスの媒介の役割を果たせるような中銀デジタル通貨の設計も検討されている。これも民間サービスの補完である。

民間企業が中銀デジタル通貨の受け皿を構築

ただし、民間の決済サービス業者同士が連携し、スマートフォン決済サービスの利用が国民の間に広まれば、そもそも中央銀行が中銀デジタル通貨を発行する必要性は低下するだろう。

実際、そうした議論は既に民間レベルで進められている。金融、流通、通信などの業界の代表者で形成された「デジタル通貨勉強会」が、日本の決済インフラの将来像を議論し、２０２０年11月には「日本の決済インフラのイノベーションとデジタル通貨の可能性」と題する報告書[35]を公表している。

そこでは、「二層構造」のデジタル通貨のスキームが提唱されている。そのスキームは、発行されるデジタル通貨全てに共通する「共通領域」と、それぞれのビジネスニーズに応じたプログラムを書き込める領域「付加領域」の２つからなる。共通領域では、他のデジタル通貨との交換ができ、また個人間送金のようなシンプルな決済が実行できる。ここは、それぞれのデジタル通貨が競争しない「非競争領域」であり、いわば協調の場である。

他方、付加領域は各業者が知恵を絞りながら独自のサービスのプログラムを書き込んでいく「競争領域」となる。この競争領域で、各業者は利益を挙げることを目指すのである。付加領域を用いたサービスとしては、例えば、小売業で商品の納入とデジタル通貨による支払い決済とを紐付けることで、事務の合理化・効率化が実現できる。また、金融資産の取引でも、個々の金融商品とその対価の支払いを紐付けることで効率化を高める他、決済不履行のリスクを減らして取引の安全性を高めることが可能となる。

このスキームは、民間レベルでの決済サービスの向上を狙ったものではあるが、共通領域には中銀デジタル通貨を組み入れることも視野に入れているのではないか。その点でこのスキームには、将来、中銀デジタル通貨を受け入れるための、民間側での受け皿の構築という意味合いもあるのだろう。

いずれにせよ、中銀デジタル通貨の発行は中央銀行独自のスキームとはならずに、民間サービスとの協業、いわばハイブリッド型となる可能性が高いのである。

第4節

中国に学ぶ金融分野でのプラットフォーマー規制

プラットフォーマーの習性を探る

中国当局がアリペイに対する規制を一気に強化したのは、非金融業のプラットフォーマーが、ビッグデータの利活用等を武器に金融ビジネスを席巻して独占状態を築き上げ、伝統的な金融業に深刻な打撃を与える可能性が出てきたからであった。それはまた、金融システムの安定を大きく損ねるリスクも秘めている。

他国では、プラットフォーマーの金融分野への本格参入がまさにこれから始まろうとしている。フェイスブックによるリブラ計画は、その先駆けと言える。この点から、先行する中国の経験は、プラットフォーマーの金融分野参入に対して、当局がどのような姿勢で臨めば良いのか、重要な示唆となる。そこで次は、中国の事例も踏まえた上で、プラットフォーマーの一般的な特性、あるいは習性をまず明らかにしてみよう。

プラットフォーマーの金融分野参入によって生じる様々な問題は、プラットフォーマーに本来備わっている、高い市場支配力と関連している場合が多い。結果、金融分野で一気に独占、寡占状態を作り出す可能性がある。

プラットフォーマーによってひとたびエコシステム（複数企業が商品開発や事業活動などで協力関係を結び、業界の枠や国境を越えて広く共存共栄していく仕組み）が形作られると、競争相手がそれに対抗できるようなエコシステムを作ることが難しくなる。さらに、市場支配力を高めたプラットフォーマーは、ネットワーク効果を背景に市場シェアをさらに拡大していき、また新規参入の障壁を一気に高めてしまうのである。

さらにプラットフォーマーは、金融サービスを提供する既存の金融機関と競合すると同時に、いずれは彼らに金融インフラ、つまりプラットフォームを提供する役割を担っていくことになる。その際に、高い手数料を得るのである。アリペイのＡＩによる信用評価システムは、まさにその典型的な例だ。

金融業が本業ではないことの強み

プラットフォーマーにとっては、金融業では直接儲けられなくても、本業であるネット・サービス等で儲けられれば良いということが非常に大きな強みとなっている。そのため、金融サービスでは非常に安い価格を設定でき、既存の金融機関に対する競争力を一気に高められる。

例えば、アリババグループの場合、アリペイを通して得られた顧客の買い物履歴データを本業であるネットショッピングに利用して大きな利益を挙げてきた。特定の商品の購入が多い顧客には、その商品にターゲットを絞った広告を送付するなどして、効率よく売上増加に繋げられる。アリペイは個人のユーザから手数料をとらないが、それでもビジネスが成立しているのは、こうした事情がある。

さらに、無料サービスを提供してユーザ数を増やせれば、収集できるデータ量も増え、それを分析することでユーザにより質の高いサービスを提供しつつ、自らも利益を上げられる。他方、ユーザが同じアプリを使い続けるメリットが高まり、それがネットワーク効果に繋がるのである。

ところが銀行にとって決済サービスはまさに本業中の本業、一丁目一番地である。そして、今まで手数料収入でそれを成り立たせてきたという経緯がある。銀行もスマートフォン決済サービスに本格的に乗り出せば、顧客の取引履歴を集められるが、プラットフォーマーのようにそれを本業に活用することは難しい。そこで銀行が手数料収入にこだわれば、デジタル決済サービスの分野でプラットフォーマーと競争していくことは難しくなるのだ。

さらに銀行は、決済インフラに既に巨額の資金を注ぎ込んでいる。いわばレガシーコストである。例えば日本では、安定した銀行間決済システムや、いつでも引き出し可能なＡＴＭなど、銀行が決算業務関連で抱えるインフラは、合計で10兆円規模にも上るという。レガシーコストがないプラットフォーマーとデジタル決済分野で勝負しても、銀行は劣勢に追い込まれやすいのである。

プラットフォーマーのデータ取得と高い分析力

また、プラットフォーマーの大きな強みは、アリペイ、ウィーチャットペイの例に見られるように、本業である電子商取引、ＳＮＳ、対話アプリ、ネット検索などのサービスと同じプラットフォーム（スーパーアプリ）上で、いわばワンストップでユーザに金融サービスを提供できるという点にもある。これがユーザに高い利便性を提供しているのだ。例えばネットショッピングと代金の支払い、対話アプリと個人間の送金などが、同じプラットフォーム上でできるのは、ユーザにとって非常に便利だろう。この利便性の高いサービスは、既存の金融機関には真似できない。

　さらにプラットフォーマーの持つ大きな武器が、このように複数のサービスから取得した大量のビッグデータを組み合わせて分析できる能力だ。商品購入、金融資産投資、ネット投稿、ネット検索など、個人の様々な行動に関するデータを組み合わせることで、個人の嗜好やニーズを多角的に捉え、それに基づいて個々のユーザに有益なサービスを提供できる。例えば、ウィーチャットペイが個人の買い物履歴と、同じアプリ上で利用するＳＮＳの投稿から得られる個人の嗜好などを組み合わせることで、借入、保険、運用などの金融サービスに対する潜在的なニーズをＡＩで分析し、関連するサービスを提案できるのである。一部の財務データしか入手できない金融機関には到底真似できない。

　利便性の高いサービスを提供できれば、ユーザを増やすことができ、いわゆるネットワーク効果が発揮される。その結果、プラットフォーマーは、新規に参入する金融分野においても、ネット・サービスと同様にいともたやすく寡占・独占的地位を確立していけるだろう。

他方でそれは、より大規模のデータ取得と独占にも繋がる。この点は、個人データの取得、分析を通じて国民を統制していこうとする中国政府にとって看過できないことだろう。

データ利活用の規制が独占・寡占回避の鍵に

一般的に金融業は、他社商品との差別化が難しい。つまり他社と違った商品を提供することが難しい。その結果、貸出金利引き下げ競争が高まるなど、競争環境は自ずと厳しくなりやすい。そのため、寡占・独占は簡単には起きにくい業種と長らく考えられてきた。

ところが、プラットフォーマーという新たな業態の参入によって、そうした従来の常識が一変する可能性が出てきた。それこそが、既存の金融機関そして金融当局にとっては非常に大きな脅威なのである。

プラットフォーマーが金融分野に参入した場合にも、既存の金融業者と健全な競争状態を維持できるようにするため、当局がとるべき対応は、個人データの利用に関する規制だろう。例えば、プラットフォーマーが金融分野で入手した個人データを他の金融業者と共有するように義務付けることで、その優位性をなくすという規制が一つの案である。

　ただしその場合でも、プラットフォーマーは金融サービスを通じて入手した個人の買い物履歴等の財務データを、他のビジネスで得られた個人データと結びつけて付加価値を高め、それを用いて金融サービスでの競争力を向上させられるのは既に述べた通りだ。

　従って、プラットフォーマーが伝統的な金融業者に対して優位に立つことを防ぐためには、金融サービスで入手した財務データを金融業者と共有することを義務付けると同時に、それらを他のサービスでプラットフォーマーが得た個人データと組み合わせることを規制する必要があるのではないか。あるいは、そうして得られた付加価値の高い情報についても、金融業者と共有するような規制措置を導入する必要が出てくるのではないか。

　中国の当局がアリペイを事実上分割させようとしているのも、アリペイが持つ各種金融サービス間での個人データの共有を制限することが狙いの一つであると考えられている。プラットフォーマーの金融業への本格参入がもたらす問題とそれへの対応策について、中国は他の主要国の当局に重要な示唆を与えてくれるのである。

第5節

中銀デジタル通貨で金融サービスに新たな調和を

金融分野でのプラットフォーマーの社会的意義

既存の金融業者を脅かすプラットフォーマーは、金融当局にとっては頭の痛い存在だが、金融ビジネスから完全に排除することが最善の解決策ではない。プラットフォーマーの金融参入については、その社会にとってのメリットとデメリットの双方をバランス良く評価しなければならない。

世界的に見ると、人口に対して銀行の支店の数が少ない国では、貸出全体におけるプラットフォーマーの貸出が占める比率が高い傾向が見られる。ここには、プラットフォーマーが、既存の銀行の機能を補完する形で金融サービスを人々に提供している姿がうかがえる。

また貸出業務について見れば、貸出金利を決める要素の一つは、借り手の信用リスクとそれを測るために必要な調査のコストである。こうしたコストが、貸出金利に上乗せされて資金の借り手の負担となる。ところがプラットフォーマーは、金融取引だけでなく、電子商取引、ＳＮＳ、対話アプリ、ネット閲覧、ネット検索など様々なネット・ビジネスから得られる顧客の個人データをＡＩで分析することで、借り手の信用リスクを低コストで判断できる。これは貸出金利の低下にも繋がり、借り手にとってもメリットとなる。

プラットフォーマーが金融取引に高いデジタル技術を導入すれば、金融取引のコストは大幅に削減され、ユーザの利便性が向上する。当初のリブラ計画を例にとれば、金融サービスにアクセスできなかった人々にもそのアクセスを容易にするといった金融包摂を促す点に大きな意義があった。

また、プライバシーに配慮しながらの個人データの収集・分析は、それをターゲット広告に利用するプラットフォーマーの利益に繋がるだけでなく、ユーザがより良いサービスを得ることにもなるため、社会厚生上もプラスとなる。これらは、通常のフィンテック企業についても当てはまるものだが、大手のプラットフォーマーの場合には、その規模が飛躍的に大きなものとなるのである。

決済ビジネスは金融業参入の入り口

プラットフォーマーが金融分野に参入する際に、その入り口（ゲートウェイ）となりやすいのが、支払い、送金などの決済業務だ。それは、本業との親和性が非常に高いからに他ならない。中国のモバイル決済を担うアリババグループとテンセントの金融業参入の入り口となったのも、ＰＣやスマートフォンで簡単に操作できる決済サービスだった。

アリババグループの場合は、自社の顧客である個人と企業との間の代金の受払いを安全、確実に行うため、自ら決済業務を始めたという経緯がある。そしてそれは、電子商取引のプラットフォームの中に組み込まれていったのである。中国のプラットフォーマーが提供する決済サービスは、クレジットカード、デビットカードによる決済等を代替していった。

プラットフォーマーが提供する決済プラットフォームは、アリペイのように自ら別の決済手段を提供するものと、既存の決済手段を利用するものと大きく２つに分かれる。ウィーチャットペイなども前者に入る。

中国など、クレジットカード決済などのキャッシュレス決済手段があまり広まっていない地域では、プラットフォーマー自身が提供するプラットフォーム上で決済が行われる傾向が強い。

後者は米国のアマゾンペイやアップルペイ、ペイパルのように、クレジットカード決済を仲介するようなものだ。アマゾンなど電子商取引のプラットフォーマーがかつてビジネスを拡大していった際、米国では既にクレジットカード決済が支配的となっていたため、それに乗っかる形で決済プラットフォームが形作られていったのである。

しかし繰り返し述べてきたように、大手プラットフォーマーは決済サービスから金融サービスに参入すると、そこにとどまることはしない。そこで得られる個人データを活用して、他の金融サービスへ進出し、さらなる利益獲得を目指すのである。それは、プラットフォーマーの本性、習性のようなものだ。

その結果、既存の金融業者に大きな打撃を与え、多くの金融サービスで独占・寡占状態を作り上げていく。そして、ひとたび独占・寡占状態を作り上げると、手数料の引き上げなどを通じてユーザの負担を高め、その利便性を大きく低下させる恐れが出てくる。

中銀デジタル通貨が一つの答え

プラットフォーマーの金融分野への参入にはメリットもあれば、デメリットや不安材料もある。金融サービス分野におけるプラットフォーマーの独占・寡占を回避しつつ、一方で、プラットフォーマーの持つ革新性を上手く活かしていけば、金融サービスのユーザの利便性を飛躍的に高め、金融業のさらなる発展に繋げることができるだろう。世界の金融当局には、プラットフォーマーのマイナスの側面をできるだけ抑え、プラスの側面をできるだけ引き出すような、いわば「いいとこどり」の規制・監督が望まれる。

既に述べたプラットフォーマーの個人データの利活用の規制も、独占・寡占の回避に有効だろう。さらに、金融サービス分野への入り口となる決済サービスで、プラットフォーマーの動向を当局が常にチェックし、独占・寡占状態を作り出さないようにモニターする、あるいは他の金融サービス分野に一気に勢力圏を拡大させないように牽制する方法も有効だ。こうしたプラットフォーマーの規制・監督に資するという点にも、実は、中銀デジタル通貨の発行の意義がある。

各中央銀行は中銀デジタル通貨の発行を、単独ではなく、民間との協業の枠組みで捉えている。中国でも国民は、銀行やアリペイ、ウィーチャットペイのアプリ上でデジタル人民元を利用することになる。民間との協業は、中央銀行の業務負担を軽減するだけでなく、民間の技術、知恵を最大限利用することで、ユーザにより良いデジタル決済サービスを提供できる。

　また、中銀デジタル通貨と既存の民間デジタル通貨との連携も強まっていくのではないか。その際、大手プラットフォーマーのイノベーションを、中銀デジタル通貨を含む小口決済のシステムに取り込むことは、ユーザの利便性向上に大いに貢献するだろう。

　他方で、民間デジタル通貨による決済サービスでの大きな課題は、その信用力の欠如である。民間運営会社の経営不振やシステム障害への不安が、ユーザの民間デジタル通貨の利用を慎重にさせてしまうリスクがある。そこで中央銀行が自ら中銀デジタル通貨を発行し、民間の金融業者やフィンテック企業、あるいは大手プラットフォーマーと連携すれば、いわゆる「信用補完」ができるだろう。

2030年金融サービスの予想図とは

　さらに、民間デジタル通貨の信用力を最大限高めるためには、民間デジタル通貨を発行する事業者に、発行額に見合った準備として、中銀当座預金を持たせることも検討すべきだ。中国人民銀行も、アリペイなどに中銀当座預金を開設させて、その信用力を高めると同時に、既存の金融システムへの同化を図ってきたのである。

民間デジタル通貨を発行する民間業者が、中銀当座預金を持つようになれば、彼らはより銀行に近づくことになる。経営危機に陥った際には、中央銀行が中銀当座預金口座を通じて流動性を供給し、容易に救済できるようになる。

他方で、民間業者は中央銀行に対して様々な報告を行う義務が生じ、監視下に置かれることになるのである。大手プラットフォーマーを監視下に置ければ、決済サービスでのプラットフォーマーの動向チェックも可能になるだろう。その結果、プラットフォーマーの独占・寡占という弊害も回避されていくのではないか。

また、以上のような環境下で発行される民間デジタル通貨は、その信用力の高さから、もはや中銀デジタル通貨と変わらなくなる。民間デジタル通貨と中銀デジタル通貨が渾然一体となる中で、中央銀行の信用力と民間のイノベーションが組み合わされ、利便性の高いデジタル決済サービスがユーザに提供されるようになることが予想される。

中国の当局は、アリペイの金融サービスにおける行き過ぎたプレゼンスが明確になったことから、やや強権的な手法で規制を進めている。これに対して他の主要国では、中銀デジタル通貨の発行を先行させることで、今後本格化するプラットフォーマーの金融参入に備えられるだろう。その結果として、金融当局、民間金融業、そして大手プラットフォーマーなど非金融の民間業者の三者がそれぞれ強みを活かしつつ融合し、ユーザにより良いデジタル決済サービスを提供する姿が望まれる。

そうなれば、金融サービス分野に新たな調和点を作り出すことになるだろう。そのための手段として、中銀デジタル通貨の発行を位置付けることができる。こうした姿こそが、近未来、２０３０年の金融サービスの予想図だ。

35 https://www.decurret.com/assets/news/2020/11/studygroup_202011report.pdf

おわりに

中国は、貿易規模では既に米国を抜き世界一となっている。経済規模でも2030年までに米国を追い越す可能性が高い。しかし、ひとたび通貨・金融分野に目を向けると、中国は米国に依然大きく後れをとっているのである。貿易決済での中国のドル依存度は、皮肉なことにどの国よりも高く、米国と覇権争いを続ける中で、中国の最大の弱点、アキレス腱となっている。それを克服し、米国の通貨・金融覇権に挑戦する秘策こそが、デジタル人民元の発行なのである。

ただし中国は、米国にとって代わって世界の覇権を一手に握ろうとの考えは、少なくとも今は持っていないだろう。中国が狙っているのは、アジア、新興国の盟主として、独自の政治圏、経済圏、通貨圏を構築し、米国を中核とする先進国グループとは異なる、新たな秩序を作り出していくことなのではないか。

中国は、新型コロナウイルスの封じ込めに成功し、どの国よりも早く経済を回復させた。また、一帯一路構想のインフラ投資と連動させたワクチン外交を、華々しく展開している。今までの中国の奇跡の高成長と並んで、こうしたコロナ後の中国の強さの秘密を、いわゆる中国モデルに見出そうとする動きは、新興国、特に権威主義的な政治体制を持つ新興国では強まっているだろう。新型コロナウイルス問題は中国に、新興国を仲間に取り入れていく大きなチャンスを与えたのではないか。

デジタル人民元の発行によって、人民元がドルに一気にとって代わり、世界の基軸通貨の地位を近い将来に手に入れる訳ではない。しかし、デジタル人民元の利用がアジア、新興国の間で広まっていけば、世界の中での相対的なドルの存在感は確実に低下する。それは、安全保障上での米国の優位を揺るがすとともに、ドルの暴落など、金融面での大きな混乱を遠からず引き起こす可能性があるだろう。デジタル人民元は、世界経済や金融市場にとって大きな脅威にもなり得る。

バイデン政権のもとで先進国が協調して中国封じ込め戦略を続けていけば、中国は生き残りをかけて、一帯一路構想参加国をベースに独自の経済圏、通貨圏の構築を進めていくだろう。その際に、デジタル人民元が大きな武器となるのである。

そうした事態は新冷戦構造の始まりであり、かつての冷戦構造以上に世界が大きく分裂してしまう姿へと近付いていくことを意味する。世界経済の持続的な成長にとって、それは決して望ましいことではないだろう。

中国というよりも新興国全体の利害をより反映する形で、先進国は戦後確立してきた様々な秩序、価値観を必要に応じて柔軟に見直し、それを通じて米国と中国が2大大国として平和裏に併存できるような新しい世界を形作っていく必要があるのではないか。その際、米国と中国の仲介役として、日本に期待される役割は非常に大きいはずだ。

本書の発刊に当たっては、東洋経済新報社の若林千秋氏に多くの支援をいただいた。この場を借りて深くお礼を申し上げたい。また、妻・逢都子、母・淳子、義父・下川晴司の励ましが執筆の大きな支えとなったことを、最後に申し添えておきたい。

木内登英

2021年7月

【著者紹介】
木内登英（きうち　たかひで）
野村総合研究所エグゼクティブ・エコノミスト。1963年生まれ。1987年早稲田大学政治経済学部卒業、同年野村総合研究所入社。一貫して経済調査畑を歩む。1990年野村総合研究所ドイツ（フランクフルト）、1996年野村総合研究所アメリカ（ニューヨーク）で欧米の経済分析を担当。2004年野村證券に転籍し、2007年経済調査部長。2012年7月～2017年7月、日本銀行政策委員会審議委員。
主な著書に『異次元緩和の真実』（日本経済新聞出版社、2017年）、『決定版 銀行デジタル革命』（2018年）、『決定版 リブラ』（いずれも東洋経済新報社、2019年）など。

決定版　デジタル人民元
世界金融の覇権を狙う中国

2021年9月9日発行

著　者──木内登英
発行者──駒橋憲一
発行所──東洋経済新報社
〒103-8345　東京都中央区日本橋本石町 1-2-1
電話＝東洋経済コールセンター　03(6386)1040
https://toyokeizai.net/

装　丁…………橋爪朋世
ＤＴＰ…………二ノ宮匡
印　刷…………ベクトル印刷
製　本…………ナショナル製本
編集協力………小川由希子
編集担当………若林千秋
　Printed in Japan　ISBN 978-4-492-68148-0